中国社会科学院中国式现代化研究院研究丛书

中国式现代化研究院
National Academy of Chinese Modernization

一本书读懂
中国式现代化

林建华　孙存良　肖光文　主编

長江出版傳媒｜崇文書局

《一本书读懂中国式现代化》
编委会

主　编

林建华　孙存良　肖光文

编　委

（根据姓氏笔画排序）

孔　娜　任瑞姣　张飞雪
张　静　舒高磊

目　录

导　论

中国式现代化，是人类历史上规模最大的现代化，也是难度最大的现代化。惟其艰巨，所以伟大；惟其艰巨，更显荣光。2023 年 12 月 2 日，国家主席习近平在向 2023 年“读懂中国”国际会议（广州）所致的贺信中指出：“读懂中国，关键要读懂中国式现代化。”2024 年 12 月 3 日，习近平主席在向 2024 年“读懂中国”国际会议（广州）所致的贺信中指出：“读懂中国，需要读懂进一步全面深化改革、推进中国式现代化。”

思维始于问题，思维始于概念。从最基本、最重要的问题切入，对最基本、最重要的概念进行诠释，是推动实践的基础和前提。读懂、理解“中国式现代化”，就是如此。

现代化，是人类社会发展、人类文明进步的必由之路。实现现代化，是世界各国人民的一致追求和共同愿景。归根到底，现代化的本质是人的现代化，现代化的最终目标是实现人自由而全面的发展。

现代化，是近代以来中华民族孜孜以求的梦想。中国式现代化，是当代中国的伟大社会变革，不是国外现代化发展的翻版。习近平总书记在党的二十大报告中指出：“在新中国成立特别是改革开放以来长期探索和实践基础上，经过十八大以来在理论和实践上的创新突破，我们党成功推进和拓展了中国式现代化。”① 中国式现代化，是中国共产党领导中国人民接续奋斗取得的重大成果。就其发展的根本方向而言，“中国式现代化，是中国共产党领导的社会主义现代化”②。

振叶以寻根，观澜而索源。

中国式现代化不是从天上掉下来的。习近平总书记指出，“中国式现代化，深深植根于中华优秀传统文化，体现科学社会主义的先进本质，借鉴吸收一切人类优秀文明成果，代表人类文明进步的发展方向”③。一百余年来，在探索中国现代化的道路上，各种尝试无果而终，纸上谈兵更是无济于事，中国共产党义无反顾地肩负起历史重任。正是中国共产党人，领导新民主主义革命取得伟大胜利，为实现现代化创造了根本社会条件。正是中国共产党人，在中华人民共和国成立以来特别是改革开放以来长期探索和实践的基础上，经过党的十八大以来在理论和实践上的创新突破，成功推进和拓展了中国式现代化，同时，初步构建了中国式现代化的理论体系，使中国式现代化更加清晰、更加科学、更加可感可行。

中国式现代化是从中华大地上长出来的现代化。在中国历史发展的坐标系上，1840 年的鸦片战争是一个分界点。在此之

① 《习近平著作选读》第一卷，人民出版社 2023 年，第 18 页。

② 《习近平著作选读》第一卷，人民出版社 2023 年，第 18 页。

③ 《习近平在学习贯彻党的二十大精神研讨班开班式上发表重要讲话强调　正确理解和大力推进中国式现代化》，《人民日报》2023 年 2 月 8 日。

前，中国是一个自给自足的农业社会，经济上相对封闭，与外界的交流非常有限。在此之后，中国逐步沦为半殖民地半封建社会，陷入内忧外患的黑暗境地。西力东侵、西学东渐，中国被西方列强强行纳入世界历史的发展轨道，遭遇“三千余年一大变局”。落后就要挨打，落后更要追赶。洋务运动、戊戌变法、辛亥革命等，是中国近代史上现代化探索的标志性事件，“师夷长技以制夷”是这一阶段的现代化世界观。值得指出的是，孙中山先生曾于1917年至1920年间拟定《建国方略》，梦想“乘时一跃而登中国于富强之域，跻斯民于安乐之天也”。但是，在当时的历史背景下，他的方略只能是现代化的美好畅想。一百年后的2020年10月13日，习近平总书记走进汕头开埠文化陈列馆，在孙中山《建国方略》相关规划图前驻足凝视，感慨地说：“只有我们中国共产党人实现了。”1933年，《申报月刊》甚至出版了“中国现代化问题”特辑，集中讨论了两个问题。一是中国现代化的困难和障碍是什么？要促进中国现代化，需要哪些先决条件？二是中国现代化应当采取哪一个方式：是个人主义的或社会主义的？外国资本所促成的现代化或国民资本所自发的现代化？实现这些方式的步骤怎样？但是，在当时的历史条件下，他们的讨论也只能是知识阶层的纸上谈兵。五四运动、马克思主义在中国的传播，尤其是中国共产党的诞生，则标志着中国的现代化求索从被动转向主动。在自觉选择、主动作为中，使中国式现代化道路成为世所罕见、史所罕见的伟大成就。总的来说，在一百余年的视野中，中国共产党的历史就是团结带领中国人民推进现代化、实现民族复兴的历史。在中华人民共和国成立以来的视野中，把我国建设成为社会主义现代化国家是中国共产党从第一个五年计划到第十四个五年规划一以贯之的主题。在这一历史进程中，必然包含着对中国式现代化的总体看法，即什么是中国式现代化、怎样实现中国式现代化。

了解历史才能看得远，理解历史才能走得远。从现代化发展的一般意义和整体态势来看，马克思主义经典作家曾指出："工业较发达的国家向工业较不发达的国家所显示的，只是后者未来的景象。"① 从现代化实践和中国的情况来看，习近平总书记指出："新中国成立特别是改革开放以来，我们用几十年时间走完西方发达国家几百年走过的工业化历程，创造了经济快速发展和社会长期稳定的奇迹，为中华民族伟大复兴开辟了广阔前景。"② 中国式现代化取得的成就，打破了"现代化＝西方化"的迷思，实现了对西方现代化理论的超越。2015 年 10 月 29 日，习近平总书记在党的十八届五中全会第二次全体会议上的讲话中指出："改革开放之初，邓小平同志首先用小康来诠释中国式现代化，明确提出到 20 世纪末'在中国建立一个小康社会'的奋斗目标。"但是，习近平总书记当时所使用的"中国式现代化"的概念还不是今天意义上的"中国式现代化"。2020 年 10 月 29 日，习近平总书记在党的十九届五中全会第二次全体会议

① 《马克思恩格斯全集》第四十二卷，人民出版社 2016 年版，第 15 页。

② 《习近平在学习贯彻党的二十大精神研讨班开班式上发表重要讲话强调　正确理解和大力推进中国式现代化》，《人民日报》2023 年 2 月 8 日。

上的讲话中指出，我国建设社会主义现代化具有许多重要特征，既有各国现代化的共同特征，更有基于国情的中国特色，主要是：我国现代化是人口规模巨大的现代化，是全体人民共同富裕的现代化，是物质文明和精神文明相协调的现代化，是人与自然和谐共生的现代化，是走和平发展道路的现代化。2021 年，习近平总书记在庆祝中国共产党成立 100 周年大会的讲话中首次提出并使用“中国式现代化”这一科学概念。党的十九届六中全会通过的《中共中央关于党的百年奋斗重大成就和历史经验的决议》概括了习近平新时代中国特色社会主义思想的主要内容和原创性成果，其中包含“以中国式现代化推进中华民族伟大复兴”。中国式现代化，是贯穿党的二十大报告全篇的一个关键词。在党的二十大报告中，习近平总书记全面系统深入论述了中国式现代化的中国特色、本质要求、重大原则等重大问题，初步构建中国式现代化的理论体系。2023 年 2 月 7 日，在新进中央委员会的委员、候补委员和省部级主要领导干部学习贯彻习近平新时代中国特色社会主义思想和党的二十大精神研讨班开班式上，习近平总书记进一步深刻阐述了中国式现代化的一系列重大理论和实践问题，极大丰富和发展了中国式现代化理论。从党的二十大起，习近平总书记一再强调，必须把推进中国式现代化作为最大的政治。党的二十届三中全会确定了进一步全面深化改革、推进中国式现代化的主题，同时确立了进一步全面深化改革的总目标。

我们究竟需要什么样的现代化？怎样才能实现现代化？两极分化还是共同富裕、物质至上还是物质精神协调发展？竭泽而渔还是人与自然和谐共生？零和博弈还是合作共赢？照抄照搬别国模式还是立足自身国情自主发展？面对这一系列的现代化之问，作为引领和推动现代化进程举足轻重的力量，政党特别是执政党有责任作出理性、科学的回答。

不同国家实现现代化的路径虽然不尽相同，但也呈现一些共同特征。譬如以工业化为核心，以信息化、科技化为未来导向，以全球化、开放化为基本态度，以实现经济工业化、社会城市化、文化理性化为目标，等等。中国式现代化充分吸取各国现代化的优长，探索出一条工业化、信息化、城镇化、农业现代化叠加发展的道路，体现出各国现代化的一些共同特征。资本主义世界的现代化，经历了一个漫长过程。作为后发展国家，中国可以汲取经验，规避误区，实现赶超。2013 年 9 月 30 日，习近平总书记在十八届中央政治局第九次集体学习时的讲话中指出："我国现代化同西方发达国家有很大不同。西方发达国家是一个'串联式'的发展过程，工业化、城镇化、农业现代化、信息化顺序发展，发展到目前水平用了二百多年时间。我们要后来居上，把'失去的二百年'找回来，决定了我国发展必然是一个'并联式'的过程，工业化、信息化、城镇化、农业现代化是叠加发展的。"① 经过孜孜追求、接力奋斗，中国在短短几十年时间内走完西方发达国家几百年的路，迎头赶上并成功超越了许多老牌资本主义国家，跃升世界第二大经济体。

中国共产党人深化了对现代化建设规律的认识，给出了

① 《习近平关于城市工作论述摘编》，中央文献出版社 2023 年版，第 19 页。

“中国式现代化”的答案，打破了“现代化=西方化”的迷向、迷思，使现代化由原来的“单数”变成了现在的“复数”。这意味着现代化不是少数国家的“专利品”，也不是非此即彼的“单选题”；也意味着现代化建设从来就没有教科书，更没有现成答案；更意味着不同国家走向现代化的历史起点不同、文化传统不同、选择道路不同，现代化模式也不尽相同，并非都要亦步亦趋跟在西方国家后面。一个国家走向现代化，既要遵循现代化一般规律，更要立足本国国情，具有本国特色。什么样的现代化最适合自己，本国人民最有发言权。习近平总书记指出，“通向现代化的道路不止一条，只要找准正确方向、驰而不息，条条大路通罗马”。① 中国式现代化正推动现代化实现着从未知向已知、从应然向实然的伟大转变。

中国式现代化新在何处？新就新在，中国式现代化是中国共产党领导的社会主义现代化，而不是别的什么现代化。它代表了世界现代化的基本态势和未来走势。中国式现代化的旨归是探索建设更加进步的社会制度、更加美好的未来世界。马克思指出：“人们自己创造自己的历史，但是他们并不是随心所欲地创造，并不是在他们自己选定的条件下创造，而是在直接碰到的、既定的、从过去承继下来的条件下创造。”② 推进中国式现代化是一项前无古人的开创性事业，但中国式现代化却展现了不同于西方现代化模式的新图景，是一种全新的人类文明形

① 《习近平外交演讲集》第二卷，中央文献出版社 2022 年版，第 96 页。

② 《马克思恩格斯选集》第一卷，人民出版社 2012 年，第 669 页。

态；拓展了发展中国家走向现代化的路径选择，为人类对更好社会主义的探索提供了中国方案。恩格斯曾指出："我们的目的是要建立社会主义制度，这种制度将给所有的人提供健康而有益的工作，给所有的人提供充裕的物质生活和闲暇时间，给所有的人提供真正的充分的自由。[①] 这一论断，既诠释了社会主义制度的内涵，也内蕴着社会主义现代化的因素，同时又昭示了马克思主义"为人类求解放"的真谛。中国共产党人从中受到深刻的启迪。

人类社会发展进程曲折起伏，各国探索现代化之路充满艰辛。坚持正确的世界观、正确的方向、正确的理论、正确的道路，既为中国人民谋幸福、为中华民族谋复兴，同时又为人类谋进步，为世界谋大同，这鲜明体现了新时代中国共产党人的人民情怀、民族情怀、国家情怀与世界情怀，集中反映了新时代中国共产党人的人民立场、民族抱负、国家使命与世界责任，是立足实现中华民族伟大复兴战略全局和世界百年未有之大变局，科学解码人民之问、中国之问、世界之问、时代之问的金钥匙。正如马克思在《评弗里德里希·李斯特的著作〈政治经济学的国民体系〉》中所说的，"凡是民族作为民族所做的事情，都是他们为人类社会而做的事情"[②]。习近平总书记也指出："越是民族的越是世界的。解决好民族性问题，就有更强能力去解决世界性问题；把中国实践总结好，就有更强能力为解

① 《马克思恩格斯全集》第二十八卷，人民出版社 2018 年，第 652 页。
② 《马克思恩格斯全集》第四十二卷，人民出版社 1979 年，第 257 页。

决世界性问题提供思路和办法。这是由特殊性到普遍性的发展规律。”①

着眼未来，中国共产党人遵循的原则是，坚守人民至上理念，突出现代化方向的人民性；秉持独立自主原则，探索现代化道路的多样性；树立守正创新意识，保持现代化进程的持续性；弘扬立己达人精神，增强现代化成果的普惠性；保持奋发有为姿态，确保现代化领导的坚定性。中国共产党人行动的逻辑是，致力于推动高质量发展，促进全球发展繁荣；维护国际公平正义，促进世界和平稳定；致力于推动文明交流互鉴，促进人类文明进步。中国共产党人锚定的旨归是，始终把自身命运同各国人民的命运紧紧联系在一起，努力以中国式现代化新成就为世界发展提供新机遇，为人类对现代化道路的探索提供新动力。

思接千载，视通万里。面对“当今世界怎么了”“我们该怎么办”的重大问题，推进中国式现代化，必须统筹推进“五位一体”总体布局、协调推进“四个全面”战略布局，到 21 世纪中叶把我国建成富强民主文明和谐美丽的社会主义现代化强国，同时把我国建设成为综合国力和国际影响力领先的社会主义现代化强国。推进中国式现代化，必须统筹实现中华民族伟大复兴的战略全局和世界百年未有之大变局，推动构建人类命运共同体，坚持对话协商，建设一个持久和平的世界；坚持共建共享，建设一个普遍安全的世界；坚持合作共赢，建设一个共同繁荣的世界；坚持交流互鉴，建设一个开放包容的世界；坚持

① 习近平：《坚定文化自信，建设社会主义文化强国》，《求是》2019 年第 12 期。

绿色低碳，建设一个清洁美丽的世界。由此，中国式现代化生动全面呈现出未来世界现代化的中国形态、人类文明的中国形态，这就是新时代中国共产党、中国人民对世界作出的新的更大的贡献！

第一章　现代化概说

现代，是一个相对于“传统”“古代”而言的概念，主要表示我们现在所处的时间方位。美国学者沃勒斯坦根据对《牛津英语词典》的考证认定，人们早在 1585 年就已经开始使用 Modernization（现代化）这一词语了。特别是到 20 世纪五六十年代，作为学术话语，“现代化”在西方社会科学研究中逐渐流行开来，随后不断向世界各地扩散。现代化是一个静态概念，更是一种动态实践。总的来说，现代化是人类从传统文明向现代文明转型的动态过程，并具体表现为经济市场化、政治民主化、知识科学化等演进趋向。现代化的根源，是社会生产力和科学技术的突飞猛进，从而使人们从自然界获取物质和信息的能力显著增强。就此而论，现代化，永远在路上。对于“现代化”的诠释，可谓众说纷纭，既有经济学领域的过程学派理论、心理学领域的行为学派理论、政治学领域的实证学派理论，也有社会变迁说、文明进步说、急剧变动说等思想理论主张，以及马克思主义的现代化理论，特别是新时代中国共产党人初步构建的中国式现代化理论体系。诸如，亨廷顿认为，现代化包括工业化、城市化，以及识字率、教育水平、富裕程度、社会动员程度的提高和更复杂的、更多样化的职业结构；现代社会同传统社会的根本区别就在于，现代社会能在更大程度上控制自然和社会环境。① 法国学者雅克·阿塔利在《21 世纪词典》中对“现代化”的诠释是：“永远不落伍。”②

一、现代化与现代化理论

现代化，发端于西方资本主义国家，是从传统到现代转型的世界性社会历史运动，即从传统经济到现代经济、从传统社会到现代社会、从传统政治到现代政治、从传统文化到现代文化、从传统人到现代人的转型过程，涵盖经济、政治、科技、宗教、思想、文化变革的各方面、全过程。具体地说，现代化，是各个国家、各个地区达到和保持、追赶和超越人类发展的世界前沿水平的过程，其中，已经实现现代化的国家和地区，其目标是保持现代化水平；尚未实现现代化的国家和地区，其目标是早日实现现代化；已经达到现代化水平的领域和方面要继续保持，尚未达到现代化水平的领域和方面要继续努力。现代化理论，就是对世界现代化的内涵、标准、特征、路径、进程、规律等要素进行认识和总结的成果，并为各国现代化发展制定战略、策略提供理论框架、思想指导。世界文明是多样的，既不存在定于一尊的现代化模式，也不存在放之四海而皆准的现

---

① ［美］塞缪尔·亨廷顿：《文明的冲突与世界秩序的重建》（1996 年），周琪、刘绯、张立平、王圆译，新华出版社 2002 年版，第 58 页。

② ［法］雅克·阿塔利：《21 世纪词典》，梁志斐、周铁山译，广西师范大学出版社 2004 年，第 166 页。

代化标准，许多国家都在探索自己的现代化道路、形成了具有自己特征的现代化方案，思想理论界也形成了对现代化多种多样的认知。

（一）过程学派理论

过程学派理论形成于20世纪中叶。它认为，现代化是由多个连续阶段构成的发展进程，并主张对现代化进程进行系统性研究。其时，世界许多国家都处在现代化转型过程之中，传统的分析框架难以充分、合理解释社会在经济、政治、文化等多方面发生的深刻变革。学者们开始聚焦于“现代化”这一动态过程，试图揭示其阶段性特征和内在规律，过程学派理论应运而生。受当时经济学领域发展阶段理论以及历史学对社会变迁研究的启发，过程学派整合多学科研究范式、分析理路，致力于构建一套解释现代化过程的理论体系。

过程学派认为，现代化从传统农业社会起步，历经工业化、城市化等关键节点，以及接续演进、螺旋上升的经济成长阶段，逐步迈向高度发达的现代工业社会。许多国家在制定国民经济发展规划时借鉴了过程学派理论，基于自身所处的发展阶段实施具有针对性的产业政策；历史学、社会学、政治学等领域也吸纳过程学派理论，解释传统社会如何向现代社会转型等问题。

过程学派的代表性学者西里尔·E·布莱克，对不同国家现代化道路进行深入分析、对比，侧重从历史比较的角度研究现代化进程，拓宽了过程学派的理论视野。他指出，现代化具有一些普遍性特征，但由于各国历史、文化、社会结构等初始条件不同，其现代化进程和模式存在显著差异。他强调各国具体国情在现代化进程中的重要性，使理论更具现实解释力。

过程学派的另一位代表性学者沃尔特·惠特曼·罗斯托提出了“经济成长阶段论”。他将经济发展划分为“传统社会”、“为起飞创造前提”、“起飞”、“走向成熟”、“大众高消费”、“追求生活质量”等六个阶段，每个阶段都有其独特的经济、社会和文化特征，前一阶段为后一阶段奠定基础，后一阶段在前一阶段基础上实现突破和新的发展。他认为，在现代化进程中，经济作为核心驱动力主导社会发展，并与社会其他领域紧密相连。例如，工业化通过技术创新推动产业结构调整，使经济从农业为主向工业和服务业为主转变，在此过程中带动城市化，大量人口从农村向城市聚集，促进城市基础设施建设、教育普及、公共服务完善等；同时，社会变革也反作用于经济，良好的教育体系为工业发展提供高素质劳动力，稳定的政治环境保障经济活动有序进行。罗斯托认为，社会变革具有渐进性与累积性，现代化也不是一蹴而就的，而是通过一系列渐进式变革逐步实现的，每一次技术革新、制度调整、观念转变都是现代化进程中的微小积累，随着时间推移促进社会整体向更高阶段发展。

（二）行为学派理论

20 世纪，心理学领域的行为主义思潮推动了行为学派的诞生，旨在剖析个体行为与现代化之间的内在联系，为更好理解现代化提供全新的微观视角。当时，心理学从注重内省和意识研究转向对可观察行为的关注，强调通过实验方法研究人类和动物行为，思考个体行为在社会现代化进程中的角色和作用。随着全球现代化进程加速，社会结构和文化发生巨大变迁，传统宏观理论难以充分解释个体的心理转变与行为调适，因此在某种程度上只能寄希望于深入到微观领域。行为学派理论认为，现代化不仅仅是经济、政治和社会制度的变革，更是个体行为模式、价值观念和心理状态的深刻转变，个体作为社会的基本组成部分，其行为的现代化是整个社会现代化的基础。

行为学派关注环境对个体行为的塑造作用，强调现代化的科学技术、教育体系、社会文化氛围等环境因素促使个体养成新的行为方式，大众传媒、信息网络也在不断向个体传递现代社会的价值观念和行为标准。行为学派理论认为，个体行为的现代化是一个渐进过程，涉及认知、态度和行为的逐步改变，个体通过观察、模仿、学习等方式，不断调整自身行为以适应现代化环境。例如，当人们刚接触到智能手机等新科技产品时，对其功能和使用方法的认知可能是有限的，但随着周围人们的示范引导和自身的探索学习，逐渐掌握使用技巧并将其融入日常生活，这就体现了个体对现代科技环境的适应与行为改变。教师借鉴该理论设计教学环境和教学活动，引导学生形成现代社会所需的思维方式、价值观念和行为能力；企业管理者通过设定明确的工作目标、提供及时的信息反馈和丰厚的奖励，指导员工行为、提高企业绩效；政府在制定社会政策时注重营造良好的公民生活环境，培养其政治参与意识和公共道德行为。

行为学派的代表性学者阿历克斯·英格尔斯提出“人的现

代化”理论，强调现代人具有特定的心理活动和行为模式，如乐于接受新经验、具有开放性思维、对时间有精确的规划和管理能力、具有普遍主义的价值观等，揭示个体在现代化进程中的心理转变规律，强调教育、职业经历等因素对人的现代化的重要影响。另一代表性学者大卫·麦克利兰提出成就动机理论，认为个体的成就动机是影响其行为和成就的关键因素，现代化背景下具有高成就动机的个体更倾向于追求创新、挑战自我，积极参与经济活动和社会发展；在社会运行中，高成就动机个体的比例与经济发展水平密切相关，即个体行为动机对现代化进程具有推动作用。

（三）实证学派理论

实证学派理论诞生于20世纪中叶，它强调将实证研究置于核心地位，主张通过观察、调查、实验等方法获取关于现代化的第一手资料，运用量化分析手段，如统计分析、模型构建等，对数据进行处理，以得出具有可靠性和普遍性的结论。当时，在全球范围内，众多国家正处于现代化进程的不同阶段，传统的现代化理论多基于抽象思辨和一般性概括，难以充分解释各国现代化过程中的复杂多样性。在自然科学实证研究方法取得巨大成功的影响下，诸多学者倡导运用实证研究方法来探究现代化现象，通过对大量实际数据和案例的收集、整理与分析，揭示现代化进程的内在规律和独特特征，旨在为现代化研究提供更为科学、精准且贴合实际的理论框架。

实证学派通过数据分析、深度访谈、案例分析等方式，考察现代化进程中人的行为、观念以及社会变迁规律，强调每个国家的现代化进程都具有独特性，这种独特性根源于各国不同的历史、文化、社会结构和政治体制等因素，而不强求构建一种普适性的现代化理论。实证学派认为，现代化是一个动态的、持续演进的过程，在不同阶段会面临不同的问题和挑战，随着时间推移和内外部环境变化，现代化模式和策略需要不断调整。譬如，发展中国家在现代化初期可能侧重于劳动密集型产业，以解决就业和资金积累问题，而随着经济实力的增强和技术水平的提高，就会逐渐向技术密集型和知识密集型产业转型。实证学派理论为政策制定者提供了重要参考，使他们基于实证数据掌握本国产业结构的现状和优缺点，有针对性地制定产业扶持政策，并根据经济增长率、社会公平指标等数据，评估政策效果是否达到预期目标。

例如，塞缪尔·亨廷顿对政治现代化问题进行了实证研究，通过对发展中国家政治转型的案例分析，揭示了社会动员速度与经济发展速度、政治制度化水平的关系，强调政治稳定在现代化进程中的重要作用。他提出的“政治衰朽”等概念，为分析发展中国家现代化问题提供了理论视角。他在文明冲突论方面的研究，就是基于不同文明在现代化领域的实证观察，并引发了全球范围内关于文化与现代化关系的广泛讨论。

再如，巴林顿·摩尔运用实证研究方法，对英国、法国、美国、中国、日本等国家的现代化道路进行了比较分析，基于大量历史资料探讨这些国家走向现代化的不同方案，以及背后的社会结构、阶级力量等因素。这些研究，为理解政治现代化提供了历史维度的实证依据，丰富了实证学派理论关于现代化多样性的观点。

（四）后现代化理论和新现代化理论

20 世纪六七十年代，发达国家在经过现代化充分发展后出现工业经济衰退现象，与此相对应的是知识经济的崛起；许多发展中国家也投入现代化洪流，大力推进工业化和城市化进程，世界现代化方向发生重大转折。

20 世纪七八十年代，诸多后现代化思潮开始广泛传播，逐渐形成一个影响深远的思想集合。后现代化理论反思现代主义、现代性和现代化运动的种种问题和局限性，强调否定性、破碎性、多元性、非中心化、反正统性、不确定性、非连续性等。其中，持有怀疑论和解构性观点的后现代主义是反现代化的，而肯定论和建设性的后现代主义则保持乐观态度，提倡积极的政治活动、宽容的多元主义，支持和平运动、生态与环保、女权主义等新社会运动，认为现代性可以而且必须被超越。从现代社会向后现代社会（或工业社会向后工业社会）转变的后现代化，包括政治、经济、文化、社会生活等全领域的深刻变化，其核心目标不是加快经济增长、积累物质资料，而是提高人们生活质量、增加人类福祉。

新现代化理论强调现代化的多元性和地域性，继承了经典现代化理论关于现代性和现代社会的基本认知，并根据世界现代化新发展进行了理论改造，像生态现代化理论、反思现代化（再现代化）理论都是其典型代表。新现代化理论认为，现代化的路径并非只有西方化、欧洲化或美国化这一种模式，而是存在着多样化的发展模式，每个国家根据自己的历史传统、社会制度、发展条件、外部环境等诸多国情因素，选择适合自己的现代化道路。新现代化理论不再将传统社会与现代社会、传统性与现代性看作是相互对立、互不相容的，而是将它们视为辩证延续的统一体，两者都包含各自不同的时代特征，也都是历史链条上的发展环节。新现代化理论更加注重对不同国家现代化发展特征的实证研究和比较研究，强调对历史传统、具体国情以及现代化过程的具体分析，更加关注发展中国家选择现代化道路的主体性维度。

（五）中国式现代化理论

在马克思主义指导下，中国共产党人不断深化对中国式现代化的内涵和本质的认识，概括形成中国式现代化的中国特色、本质要求和重大原则，初步构建中国式现代化的理论体系，这是科学社会主义的最新重大成果。中国式现代化深深植根于中华优秀传统文化，体现科学社会主义的先进本质，借鉴吸收一切人类优秀文明成果，代表人类文明进步的发展方向，展现了不同于西方现代化模式的新图景，是一种全新的人类文明形态。中国式现代化是对西方式现代化理论和实践的重大超越，其中蕴含的独特世界观、价值观、历史观、文明观、民主观、生态观等及其伟大实践，是对世界现代化理论和实践的重大创新。

中国式现代化既有各国现代化的共同特征，更有基于自己国情的鲜明特色。中国式现代化是人口规模巨大的现代化，超大规模人口整体迈入现代化，是中国式现代化的显著特征；中国式现代化是全体人民共同富裕的现代化，坚持发展为了人民、发展依靠人民、发展成果由人民共享，是中国式现代化的本质特征，也是区别于西方现代化的显著标志；中国式现代化是物质文明和精神文明相协调的现代化，既要物质富足、也要精神富有，是中国式现代化的崇高追求；中国式现代化是人与自然和谐共生的现代化，尊重自然、顺应自然、保护自然，促进人与自然和谐共生，是中国式现代化的鲜明特点；中国式现代化是走和平发展道路的现代化，在坚定维护世界和平与发展中谋求自身发展，又以自身发展更好维护世界和平与发展，推动构建人类命运共同体，是中国式现代化的突出特征。

中国式现代化的本质要求是：坚持中国共产党领导，坚持中国特色社会主义，实现高质量发展，发展全过程人民民主，丰富人民精神世界，实现全体人民共同富裕，促进人与自然和谐共生，推动构建人类命运共同体，创造人类文明新形态。其中，坚持中国共产党领导，坚持中国特色社会主义，强调的是中国式现代化的领导力量和社会主义性质、中国特色社会主义的政治方向；实现高质量发展，发展全过程人民民主，丰富人民精神世界，实现全体人民共同富裕，促进人与自然和谐共生，强调的是中国式现代化在经济建设、政治建设、文化建设、社会建设、生态文明建设五个方面的具体要求，与全面建成社会主义现代化强国所要达成的“富强民主文明和谐美丽”五个维度相对应；推动构建人类命运共同体，创造人类文明新形态，则阐明了推进和拓展中国式现代化的国际贡献和世界意义。

中国式现代化，是中国共产党领导的社会主义现代化。这是对中国式现代化定性的话，是管总、管根本的。党的领导，直接关系中国式现代化的根本方向、前途命运、最终成败。党的性质宗旨、初心使命、信仰信念、政策主张，决定了中国式现代化是社会主义现代化，而不是别的什么现代化。我们党始终高举中国特色社会主义伟大旗帜，确保中国式现代化在正确的轨道上顺利推进；我们党坚持把马克思主义作为根本指导思想，为中国式现代化提供科学指引；我们党坚持和完善中国特色社会主义制度，为中国式现代化稳步前行提供坚强制度保证；我们党坚持和发展中国特色社会主义文化，为中国式现代化提供强大精神力量。党的领导确保中国式现代化锚定奋斗目标行稳致远，矢志为中国人民谋幸福、为中华民族谋复兴；党的领导激发建设中国式现代化的强劲动力，运用好改革开放这个决定当代中国命运的关键一招；党的领导凝聚建设中国式现代化的磅礴力量，紧紧依靠人民、尊重人民创造精神。

二、现代化与全球化

人类文明发展在纵向时间序列上表现为生产方式的嬗递更替，在横向地理层面上表现为历史向世界历史的转变，现代化就是前者的直观呈现，全球化就是后者的典型描述。现代化生产方式极大提高了社会生产力，在市场经济、科技革命等现代化浪潮推动下，人们的交往活动逐渐跨越国界、会通全球，昔日分散的区域发展被跨文化流动所替代，各民族国家之间紧密结合成命运共同体。全球化是一个进程，是由社会生产力、社会关系和各种文化在时间维度与空间维度上的全球扩散所导致的、把全球各大洲所有国家和地区的人群在一切方面逐渐连接在一起的新的历史进程。当然，全球化进程中仍然需要尊重各民族国家的文化特性，否则他们将无法在世界现代化趋势中获得充分发展，因此看待现代化和全球化问题，既要有深远的历史逻辑，也要有全局的世界眼光。

全球化表现在经济、政治、文化、社会等诸多领域，现代化元素则渗透其中，二者相伴而生、相互促进。

第一，经济全球化，主要表现为各国经济活动超越国界，通过贸易、投资、服务、技术转移等方式，形成相互依存、紧密联系的有机整体，涉及商品、资本、信息、劳动力等经济要素的全球性流动和配置，以及经济规则的世界性融合与互动，以跨国公司为主要动力推动世界范围内的产业结构调整，不仅意味着跨国界经济行为的增加，还包括了跨国界商品要素价格的均等化趋势，并具体表现在贸易全球化、资本全球化、生产全球化等方面。

贸易全球化得益于世界市场的开拓，各民族国家的经济联系和交往愈益密切，各国贸易壁垒不断降低、各种行政干预不断规范，使国际贸易环境更加公平、透明，促进了货物和服务在全球范围内的流动。全球价值链与供应链系统的快速发展，使跨国公司成为贸易全球化的重要载体，它们在全球范围内组织生产和销售，主导对外投资，协同政府优化经济环境，这种全球布局的经济网络带动了全球的贸易往来，扩大了国际间的生产合作程度。多边贸易体制以及区域贸易协定的不断发展完善，促进了贸易自由化和便利化，使国际、国内事务边界变得模糊，降低了贸易成本、提高了贸易效率；发展中国家的强势崛起影响了利益分配，成为参与全球治理的重要行为体，推动发达国家寻求新的贸易形式等，所有这些，都推动了全球贸易格局的调整、优化。

资本全球化是资本在全球范围内寻找投资机会和利润增长点的结果，大量资金在不同国家和地区的金融市场之间快速流动。资本具有物质和社会的双重属性，其本质是追逐剩余价值，资本逻辑深刻影响着生产关系与社会矛盾。资本在世界性扩张中驱动经济全球化，推动分工协作体系跨越国界，加速生产要素流通周转，国际投资和融资活动日益频繁，金融产品和金融服务的全球交易日益活跃，使全球化的资本积累不断呈现新变化。货币体系全球化是资本全球化的重要表现，现行国际货币体系以美元为主导、以国家信用为基础，美元、欧元等主要货币在国际结算、外汇交易、国际储备中占据主导地位，其他国家的货币也在不同程度上实现了国际化，使资本市场的联动性和影响力不断增强。

生产全球化表现为资金、技术、劳动力、管理经验等生产要素在全球范围内优化配置，使某一产品的价值链由不同国家的不同生产者共同完成。发展中国家的廉价劳动力吸引了大量劳动密集型产业的转移，发达国家的先进技术和管理经验也通过跨国公司的投资和合作等方式向发展中国家扩散，促进了各个国家间的产业结构升级和经济水平提高。全球化推动生产要素跨境流动自由化、便利化以及生产规则一体化，使生产活动的国家边界被突破，同一产品的不同生产环节也延伸到不同国家和地区，形成了复杂的全球生产网络，生产要素跨区域、跨行业的流动和调整促进了国际分工深化。生产全球化是优化资源配置、调整产业结构的必然，是规模经济的需要，能够利用区位优势降低生产成本，避开贸易壁垒顺利进入国际市场，降低运输、储存、搬运、装卸等物流费用，获取先进的技术、经验和更好的优惠政策。

第二，政治领域的全球化，主要表现为各个国家在政治交往方面跨国别互动，在日益加强的政治联系和政治合作中，共同参与制定和执行全球范围的政策、规则和标准，通过世界政治格局影响国际关系进而影响国家政策。和平、发展、合作、共赢的历史潮流不可阻挡，全球范围内政治活动的扩展，增进了国际组织的全球治理合作、国际关系民主化。

国际组织的全球治理合作，在维护世界和平与安全、促进国际合作与发展等方面发挥着不可替代的作用，许多国家都不可避免地参与到国际组织之中。全球化促进了世界治理结构变化，需要国家之间更多的协调合作，以应对气候变化、金融危机等全球性挑战。联合国、世界卫生组织等国际组织在全球治理中的作用愈益重要，国际法和国际公约在解决国际争端和促进国际合作中的作用愈益增强，多边协议、峰会等国际政治对话和决策促进跨国政治合作，缓解不同国家间的意识形态冲突、全球治理结构中的权力失衡等问题。以联合国为核心的国际体系推动各国权利平等、机会平等、规则平等，世界贸易组织、二十国集团、亚太经合组织等多边机制更好发挥协商合作作用，使全球治理体系符合变化了的世界政治经济形势，满足应对全球性挑战的现实需要，顺应和平发展合作共赢的历史趋势。

国际关系民主化为全球治理提供了公平正义原则，促使全球治理体系朝着更加包容、多元的方向发展。各国都要求平等参与决策国际事务，特别是中国、印度、巴西等新兴经济体的崛起，在国际政治舞台上的话语权也逐渐提升，改变了以往少数西方国家主导全球治理的局面，使全球治理机制能够更好地反映各国利益诉求，推动全球化在合理有序的框架内发展。各国事务由本国人民管理，相互尊重主权独立和领土完整，自主选择符合国情的制度和道路；倡导合作、可持续的安全理念，和平解决分歧争端，共同应对恐怖主义等全球性安全问题；增进民主协商、加强国际协作，倡导不同政治文明之间平等相待、互学互鉴、兼收并蓄。中国就提出，世界各国弘扬和平、发展、公平、正义、民主、自由的全人类共同价值，促进各国人民相知相亲，尊重世界文明多样性，以文明交流超越文明隔阂、文明互鉴超越文明冲突、文明共存超越文明优越，推动构建人类命运共同体。

第三，文化领域的全球化，主要表现在不同文明之间的交往与碰撞愈加频繁，文化冲突与文化融合在全球范围内不断接替上演。全球化不仅仅是物理空间的联系，更在思想文化领域将全世界的人们联结在一起，不同国家的人们在视野和认知上逐渐超越了地方性、民族性的界限，形成了一种全球性的共识和认同，反映了多元精神要素跨文化发展的可能性，不仅重塑了人们的价值观和生活方式，也影响着国际关系的发展和全球治理的深化。

不同文化背景的人具有独属自身的文化习俗、生活方式与价值观念，文化融合与冲突在全球交往中必然存在，相互理解就能深度融合，相互对抗就只能造成冲突。科技进步和经济发展压缩了时空距离，使跨地域的文化传播和共享更为便捷，人们通过接触与了解其他国家文化，能够拓宽人文视野、减少文化偏见，增强全人类的凝聚力与和谐度，但这并不意味着可以忽视历史传统和现实国情去盲目追求“文化同质化”，不能将经济全球化扩展为思想统治过程，妄图用一种普遍适用的价值观念掌控世界、排斥异己。由于不同国家在历史发展、制度体系、经济生产、人文传统等方面存在差异，人们的价值观念、生活方式自然就容易在交流互动中产生冲突，异质文化与本国文化潜存着紧张对抗关系，文化地位不平等、文化保守意识等问题又加剧了这种现象，再加上美西方国家利用其经济、科技优势向他国灌输其文化观念，给各国的文化政策和文明发展策略带来严峻挑战。冲突对抗只会让世界变得风险积聚、纷争迭起，不同国度、不同文明之间只有开放包容、交流互鉴，在坚守民族文明精神的基础上求同存异，才能和谐共赢、共同进步，才能携手赢得光明未来。

文化产业全球化影响世界文化格局和国际政治经济关系，通过文化创新共绘全球文明新图景。文化产业依托先进媒介技术、成熟管理经验迅速在全球扩张，越来越多的国家和地区意识到其经济潜力，纷纷加入文化产业创新和拓展的行列，一方面促进了人类文明的繁荣发展，另一方面也带来了一系列问题：

发达国家的传媒巨头在全球文化市场占据了较大份额，对其他国家文化产业形成强大竞争压力；大众文化的全球传播呈现出“文化同质化”趋势，所谓“普世文化”削弱了各民族文化的个性和特色；后发展国家的传统文化资源因受到外来文化冲击而面临衰落风险，为抵御这种强势渗透又出现了不当开发自身文化资源的现象。文化产业全球化的契机创造出更多社会价值，既能带动相关产业形成庞大的协同集群、提升经济效益，还能促进不同民族文化的传播与交流、加速文化融合；同时也引发了人们对文化认同的思考与重构，唤醒了民族文化的身份意识，促使各国更加重视本土文化的保护与传承，推动了文化的多样性发展。

第四，社会领域的全球化已潜移默化渗透进人们生活的方方面面，人与自然、自然与社会的关系愈益复杂，公共卫生、网络安全、气候变化、贫富差距等逐渐成为全球性问题，推动世界各国在公共社会领域的深度沟通与协作。全球化带来的跨国交流，加速了社会机遇和风险的广泛传播，使社会活动在效率提升、范围扩展的同时，也遭遇到在就业、安全、福利等方面的棘手难题，如何平衡全球化特别是风险社会的利弊以实现可持续的全球发展，是当前国际社会面临的重大课题。

社会组织的国际化，搭建起各国民众沟通交流的桥梁，通过开展经济援助、文化教育、志愿服务等活动，促进不同国家和地区的互动与合作，形成了涉及领域广泛、关涉要素繁多的庞大社会网络。当一些国家和地区因宗教文化、经济利益引发战争冲突时，当资源短缺、生态污染严重影响人们的生活秩序时，社会组织能够在呼吁倡导、民间救助、人文关怀等方面发挥积极作用。譬如，在应对全球性公共卫生危机时，国际医疗救援组织和志愿者团体迅速响应，在全球范围内调配医疗物资、分享抗疫经验和技术，这种跨国合作不仅有效地缓解了危机带来的负面影响，还使人们深刻体会到命运共同体的紧密联系，增强了对全球社会的认同感和归属感，促进了全球社会的整合与团结、稳定与和谐。

科学技术革新与扩散是推动全球化的重要依托，先进的制造技术和管理经验随着全球供应链延伸，在互联网和大数据助推下实现跨国交流。科学技术深度参与企业生产运营和人们日常生活，作为现代化生产的关键要素，通过产品转化形成新型产业并推动传统产业转型。数据与劳动、土地等传统生产要素协同作用，通过持续创新激发企业活力、扩展利润空间，促进数字经济打破地域限制，为全球化的市场资源整合提供机会。科学技术的国际标准化建设，确保了全球范围内信息资源的互联互通，为经济贸易、政治协商、文化交流、民间合作消除壁垒，更是帮助企业无需为了适应差异化标准而重复设计、检测、认证产品，大幅减少了生产和运营成本。高技术人才流动呈现多元化趋势，他们携带的专业知识、前沿技术以及独特思维不断迁移，在新的科技研发环境中相互碰撞、融合，激发出全新的创新火花、催生出更多突破性成果，推动更广范围的技术革命和社会进步。

总之，全球化浪潮先是使世界各主要国家和地区更加紧密地连接起来，再使世界各次要国家和地区更加紧密地连接起来，最终使世界所有国家和地区更加紧密地连接起来。全球化与现代化相互激荡。我们既不能离开全球化来谈论现代化，也不能离开现代化来谈论全球化，因为在某种意义上可以说现代化把全球化看作自己向各地传播和扩散的形式和条件，而全球化把现代化当作自己进行联系和交往的内容和动力。事实上，全球化、现代化与科技革命是密切联系在一起的。

三、现代化与科技革命

在世界现代化的历史进程中，科技革命是推动现代化发展的革命力量，它犹如汹涌澎湃的浪潮，不断涌现出标志性成果，不断重塑着世界面貌，推动人类社会从传统农业社会到工业信息社会再到现代智能社会。那么，科技革命对世界现代化进程产生了哪些影响，又是如何影响中国式现代化进程的呢？

（一）第一次科技革命对世界现代化及中国现代化进程的影响

1. 第一次科技革命对世界现代化进程的影响

第一次科技革命，也就是通常所说的第一次工业革命，始于18世纪中叶的英国，随后逐渐蔓延至欧洲大陆及美国等地。其标志性的成就，当属蒸汽机的发明与改良。瓦特改良的蒸汽机，成功解决了工业生产中的动力问题，使机器生产取代了手工劳动，成为这次革命的核心驱动力。煤炭作为主要能源被大量开采和应用，纺织、冶金、采煤等行业率先开启了工业化转型，工厂制逐步取代了手工工场，开启了大规模机器生产的新时代。习近平指出：“18世纪出现了蒸汽机等重大发明，成就了第一次工业革命，开启了人类社会现代化历程。”①

在生产力方面，蒸汽机的应用带来了前所未有的变革。以纺织业为例，传统的手工纺织效率低下，产量有限，而蒸汽动力驱动的纺织机投入使用后，纺织品的产量呈几何级数增长，生产效率大幅提高。在蒸汽机的带动下，其他行业也纷纷效仿，实现了从传统手工生产向机械化大生产的跨越，人类创造财富的能力得到了质的提升，世界经济由此进入了快速发展的轨道。但与此同时，生产力的快速发展也带来了生产的盲目性。资产阶级为了赚取更多的利润而过度生产，导致周期性经济危机。例如 19 世纪初的经济危机，导致商品积压、企业倒闭、工人失业等社会现象频发。

第一次科技革命促动社会结构发生重大变革，加速推进了城市化进程，但也导致新的社会矛盾冲突。新兴的资产阶级凭借着对生产资料的占有和对生产过程的掌控，积累了巨额财富，在政治、经济等各个领域的影响力不断扩大，逐渐取代了封建地主阶级的统治地位。与之相对应的是，无产阶级随着工业的发展而日益壮大，与资产阶级之间形成了新的阶级关系。正如马克思、恩格斯所说：“整个社会日益分裂为两大敌对的阵营，分裂为两大相互直接对立的阶级：资产阶级和无产阶级。”② 社会矛盾日益尖锐，阶级斗争日益凸显。这一系列变化，促使社

---

① 习近平：《为建设世界科技强国而奋斗：在全国科技创新大会、两院院士大会、中国科协第九次全国代表大会上的讲话》，人民出版社 2016 年版，第 3 页。

② 《马克思恩格斯选集》第一卷，人民出版社 2012 年版，第 401 页。

会治理模式和政治制度等方面不断进行调整与变革，以适应新的社会结构的变化。

人们的生活方式在第一次科技革命后出现了诸多显著变化。城市规模不断扩大，为了满足大量涌入人口的居住和生活需求，城市的基础设施建设开始起步，供水、排水等系统逐渐有了雏形。在交通领域，蒸汽火车和蒸汽轮船的发明和应用，极大地缩短了时空距离，人们的出行更加便捷，货物运输效率大幅提高，地区之间的交流日益频繁，世界市场开始初步形成，不同地区的人们能够接触到更多来自远方的商品和文化，生活变得更加丰富多彩。

在思想文化方面，第一次科技革命弘扬了科学精神，促使人们更加崇尚理性、实证和批判的思维方式。人们不再盲目迷信传统权威，而是通过实践和实验去探索真理、验证知识，这种思维方式的转变不仅推动了科学技术本身的持续进步，也渗透到了社会生活的其他领域，如教育、文学艺术等。但此时功利主义思想也开始泛滥，人们为了追求经济效益，导致社会关系变得冷漠和功利。正如马克思、恩格斯在《共产党宣言》中所说："人和人之间除了赤裸裸的利害关系，除了冷酷无情的'现金交易'，就再也没有任何别的联系了。"①

2. 第一次科技革命对中国现代化进程的影响

第一次科技革命时期，中国正处于清朝闭关锁国阶段，对外界的科技变革缺乏主动了解。然而，随着西方列强凭借工业

---

① 《马克思恩格斯选集》第一卷，人民出版社 2012 年版，第 403 页。

革命带来的强大实力叩开中国国门，中国被迫裹挟进世界现代化的汹涌浪潮之中，开始被动地接触到蒸汽机、纺织机等代表第一次科技革命成果的先进技术与设备。尽管这种接触是被迫的，但也让一部分有识之士意识到了中外在科技和生产力方面的巨大差距，开启了中国人对西方先进技术的初步认知，为后续思想观念的转变埋下了伏笔。

这种影响主要表现在：一方面，经济结构的微弱触动。虽然第一次科技革命的成果在中国的传播范围有限，但在沿海地区还是出现了一些外国资本投资的近代工厂，采用蒸汽动力进行生产。这些工厂的出现，尽管没有从根本上改变中国传统的自然经济结构，但让人们看到了机器大生产相较于传统手工劳作在效率和产量上的巨大优势，为中国民族工业的后续萌芽和发展提供了外在的刺激因素，是中国现代化在经济维度上最初探索的起点。另一方面，思想观念的冲击与变革。西方列强凭借工业革命成果展现出的强大国力，对中国传统的“天朝上国”观念造成了巨大冲击，促使一些开明官员和知识分子开始反思中国的现状。“师夷长技以制夷”等思想逐渐萌发，在一定程度上打破了传统思想的禁锢，为中国现代化在思想层面的启蒙提供了契机，引导人们从封闭保守的观念向开放学习的现代化思维转变。

（二）第二次科技革命对世界现代化及中国现代化进程的影响

1. 第二次科技革命对世界现代化进程的影响

第二次科技革命发生在 19 世纪中后期至 20 世纪初，主要源于欧美多个国家，从电力的大规模应用，到内燃机、新交通工具的创制，再到新通讯手段的问世，所有这些，共同成为其标志性成果。

在第二次科技革命的推动下，生产力又迈上了一个新台阶。电力驱动的各类机器设备相比蒸汽机更加灵活、高效，工厂的自动化程度进一步提高，催生了诸如电力工业、电器制造业、石油化工产业等众多新兴产业。大规模生产的流水线作业方式也开始出现，通过标准化生产流程，生产效率和产品质量得到了前所未有的提升。但重工业迅猛发展加剧了对自然资源的攫取和破坏。石油、煤炭等能源的开采和使用量急剧增加。工厂排放的废气含有大量的二氧化硫、二氧化碳等污染物，导致酸雨频繁出现，危害土壤、水体和植被。汽车等交通工具的大量涌现，也加剧了空气污染等问题。

全球经济在新产业的带动下持续繁荣，资本主义国家的经济实力进一步增强，进一步巩固了工业在国民经济中的主导地位，推动世界现代化进程向纵深发展。但第二次工业革命也使帝国主义国家的殖民扩张进一步加剧。新兴的工业强国为了获取原材料产地和商品投资市场，进行了疯狂的殖民扩张。这种殖民扩张行为，导致殖民地国家的经济结构遭到严重破坏，被迫成为宗主国经济的附庸，本土民族工业发展艰难。同时，也引发了众多殖民地国家和人民激烈的反抗，民族矛盾和国际冲突不断升级。

随着新兴产业的崛起，对劳动力的素质要求发生了变化，需要大量有专业知识和技能的工人、工程师、管理人员等，教育的重要性愈发凸显。中产阶级开始壮大，他们凭借自身的专业技能和知识，在社会中的影响力逐渐增强，成为社会稳定和发展的重要力量。同时，垄断组织开始出现，大型企业通过兼并、联合等方式控制了相关行业的生产和销售，资本主义进入了垄断阶段，国家间的经济竞争和政治博弈也变得更加复杂激烈，社会阶层分化更加明显，不同阶层之间的利益诉求和矛盾也日益复杂，推动着社会制度和治理模式不断进行调整和完善。

生活方式变得更加丰富多彩且便捷舒适。西门子发明发电机、爱迪生改良电灯等一系列成果，使得电力走进了千家万户，成为生活和生产中不可或缺的能源；汽车、飞机等新型交通工具的问世，彻底改变了人们的出行和运输模式；电报、电话等新型通讯手段的出现，使信息传递变得更加及时、高效，打破了地域限制，使世界的联系变得更加紧密。但与此同时，物质主义和消费主义开始盛行，人们沉迷于追求物质享受，节约、节俭等传统美德和价值观受到冲击。

2. 第二次科技革命对中国现代化进程的影响

第二次科技革命时期，中国正面临着内忧外患的严峻局势。但这也促使国内的有识之士更加积极地寻求救亡图存之道，对西方科技成果的关注度进一步提高。他们开始主动引进和学习第二次科技革命的成果，试图通过发展近代工业、加强教育等方式来提升国家的实力，这是中国现代化在艰难时局下的主动探索阶段。

在工业领域，电力、内燃机等新技术的传入，一定程度上促进了中国近代工业的发展。一些城市开始出现了电灯照明，工厂里也尝试使用电力驱动的机器设备，虽然普及程度有限，但为工业生产效率的提升提供了新的可能。在交通方面，汽车、火车等交通工具逐渐在中国出现，改善了国内的交通运输条件，有利于资源的流通和市场的整合，为民族工业的发展创造了更好的外部环境，推动现代化在产业层面初步尝试，也为后续的工业化进程奠定了一定基础。

面对第二次科技革命凸显出的科技重要性，中国开始重视教育改革，兴办新式学堂，培养掌握现代科学技术知识的人才。例如，京师同文馆等学堂开设了数理化等自然科学课程，派遣留学生出国学习先进技术也成为一种潮流，提升了中国国民的科学素养，这标志着在现代化发展道路上对人才培养环节的重视与起步，为中国现代化持续推进储备了一定数量的科技人才、奠定了初步的人才基础，同时对中国从传统教育向现代教育转型起到了一定的推动作用。

（三）第三次科技革命对世界现代化及中国现代化进程的影响

1. 第三次科技革命对世界现代化进程的影响

第三次科技革命自 20 世纪中叶兴起，原子能、电子计算机、生物工程的发明和应用成为这场革命的显著标识，并对生产力发展、社会结构、生活方式等方面产生了深刻影响。

第三次科技革命使生产力发展进入了一个全新的信息化阶段。计算机技术的广泛应用，使生产过程的自动化程度空前提高，企业可以通过计算机管理系统进行精准的生产调度、资源配置等，大大提高了生产效率和经济效益。互联网的出现，更是打破了地域限制，全球范围内的资源整合、协同合作变得更加容易，跨国公司能够在全球布局产业链，推动了全球经济一体化的进程，新的经济形态如知识经济、数字经济等开始蓬勃发展，生产力在全球范围内得到了更优化的配置和提升。

社会结构呈现出多元化和扁平化的特点。知识型劳动者成为生产的核心力量，传统的以体力劳动为主的就业结构逐渐被改变。随着信息技术的普及，信息传播更加平等、快速，社会阶层之间的壁垒在一定程度上被打破，人们获取知识、提升自我的机会增多，社会的流动性增强。同时，科技革命也促使政府、企业、社会组织等不同主体之间的关系更加复杂多元，相互协作与制约共同推动社会发展，社会治理模式也朝着更加数字化的方向转变，以适应新的社会结构和发展需求。

人们的生活方式更大程度地被重塑。人们可以通过网络进行学习、购物、娱乐、社交等，电子商务、在线教育、远程办公等新兴模式成为人们生活的一部分。智能手机的普及更是使人们随时随地都能与外界联系，享受各种服务。在医疗方面，先进的医疗技术和设备不断涌现，人们的健康水平和寿命都有了显著提高。在休闲娱乐方面，各种虚拟现实（VR）、增强现实（AR）等技术给人们带来了沉浸式的体验，极大地丰富了人们的精神生活。

第三次科技革命进一步强化了科学精神，鼓励人们勇于创新、敢于突破，同时也引发了人们对科技伦理、科技与人文关系等问题的深入思考。科技的快速发展，使得文化传播更加迅速、广泛，不同文化之间的交流碰撞愈益频繁且深入，全球文化的融合与多样性并存趋势愈益明显。同时，也促使人们的思想观念不断更新，对环境、可持续发展等问题的关注度日益提高，环保意识、全球意识等观念逐渐深入人心，影响着人们的行为方式和社会发展的方向。

2. 第三次科技革命对中国现代化进程的影响

新中国成立后，尽管面临诸多外部封锁和内部困难，但依然高度重视科技发展，积极参与到第三次科技革命浪潮中，抓住了如计算机、空间技术等领域发展的契机，在生产力发展、社会生活方式、自主创新与国家合作等方面产生了深远影响。

在生产力方面，计算机技术的引入和应用，使得中国的工业生产、科研等领域的效率大幅提高。例如，在制造业中，计算机辅助设计和制造（CAD/CAM）技术帮助企业更精准地进行产品设计与生产，提高了产品质量和生产效率。同时，通过对空间技术的钻研，中国逐步建立起自己的航天工业体系，从卫星发射到载人航天工程，不仅提升了国家的科技实力，也带动了电子、材料等相关产业的协同发展，进一步完善了中国的工业体系，增强了中国现代化在生产力层面的硬实力。

在社会生活方面，互联网的兴起使信息传播更加便捷，打破了地域限制，促进了中国不同地区之间的交流与合作，缩小了城乡之间在信息获取方面的差距。在医疗领域，生物技术、医疗设备技术的进步提高了人民的健康水平，在保障人民生活质量方面提供了有力支撑。第三次科技革命推动了教育的信息化发展，远程教育、在线学习资源等丰富了人们的学习渠道，提升了全民教育质量，体现了中国现代化在社会层面的持续进步。

面对第三次科技革命，中国深刻认识到自主创新的重要性，不断加大科研投入，在一些关键技术领域坚持自主研发，摆脱对国外技术的依赖，例如在原子能开发和利用等方面取得了诸多成果。同时，积极开展国际科技合作，融入全球科技发展潮流，这既提升了中国在国际科技舞台上的影响力，也通过国际合作与交流进一步拓展了中国现代化发展的视野和思路，推动现代化进程不断深化。

（四）第四次科技革命对中国式现代化的多维影响

习近平指出："科技兴则民族兴，科技强则国家强。重视科技的历史作用，是马克思主义的一个基本观点。"① "新一轮科技革命和产业变革深入发展，国际力量对比深刻调整，我国发展面临新的战略机遇。"② 第四次科技革命以人工智能、量子信息、生物技术、新能源、新材料、物联网等为代表，正全方位重塑世界，对我国生产力发展、生活方式、思想文化产生深刻影响。我们需充分发挥其积极作用，同时制定有效策略应对其负面影响，推动中国式现代化稳步前行。

---

① 《习近平关于科技创新论述摘编》，中央文献出版社 2016 年版，第 23 页。

② 《习近平著作选读》第一卷，人民出版社 2023 年版，第 21 页。

在生产力发展方面，人工智能、物联网等技术的发展极大提升生产效率。在智能工厂中，机器人与自动化设备可实现24小时不间断生产，大幅缩短生产周期。大数据和算法能够优化供应链管理，降低库存成本，提高资源配置效率。新科技催生新兴产业，如新能源汽车产业崛起，带动电池、电机、电控等上下游产业发展，创造大量新的就业岗位与经济增长点，推动产业结构向智能化、绿色化转型，凸显新质生产力的发展优势。然而，挑战也是现实存在的，如部分传统产业因无法快速跟上技术升级步伐，面临被淘汰风险，导致结构性失业问题加剧。不同地区、企业对新技术的接受和应用能力差异，可能进一步拉大数字鸿沟，加剧区域经济发展不平衡。

在社会生活方式方面，智能化科技给人们的生活带来极大便利。移动支付使得日常消费更加便捷高效，出门无需携带现金与银行卡。智能家居设备可远程操控，提升生活舒适度与安全性。远程办公、在线教育打破时空限制，节省通勤时间，丰富学习途径。但是，它带来的负面影响也不容忽视。过度依赖电子设备和网络，使面对面的人际交流减少，影响情感沟通与社会关系构建。信息爆炸时代，虚假信息、网络诈骗层出不穷，个人隐私也易受到侵犯。长时间沉浸虚拟世界，还可能引发身心健康问题，如近视、焦虑、社交恐惧等。

在思想文化方面，互联网使全球信息即时共享，多元文化相互交流碰撞，激发创新思维，促进文化融合创新。但是，第四次科技革命也带来一些消极影响，如网络上不良信息泛滥，暴力、色情、极端思想等侵蚀人们尤其是青少年的价值观。算法推荐导致信息茧房，人们接触信息单一化，思维模式固化，从而阻碍思想的全面发展与交流。一部分人过度依赖技术，弱化了自身思考和解决问题的能力。

我们必须清醒认识到，科技本身并无善恶之分，关键在于人类如何运用它。在现代化进程中，科技革命犹如一把双刃剑，既有着推动各方面进步的积极意义，如推动生产力发展、改善生活质量、拓展认知边界等，同时也带来了诸如就业结构冲击、生态环境破坏、伦理道德争议等消极影响。正如习近平所指出的："要前瞻研判科技发展带来的规则冲突、社会风险、伦理挑战，完善相关法律法规、伦理审查规则及监管框架。"① 我们要做的是，缓解和解决科技革命带来的问题和消极倾向，使科技革命更好地推动现代化进程朝着更加健康、可持续方向迈进。

四、现代化与现代性

现代化是 18 世纪 60 年代英国工业革命以来的重要成果，英、法、美等国先后走上现代化之路。辩证地看，在发展进程中，这种现代化带有典型的二重性特征：一方面，它使这些国家实现了劳动社会化、生产机械化、国家工业化、经济市场化、政治民主化、社会法治化、文化多元化、乡村城市化、大众知识化、思想杂糅化等，取得了超越中世纪的巨大进步；另一方

① 《习近平著作选读》第二卷，人民出版社 2023 年版，第 474 页。

面，它也同时给这些国家带来了资本私人化、贫富两极化、精神空虚化、社会畸形化、环境恶劣化、危机周期化、对外扩张化、世界殖民化、冲突经常化、战争白热化等。在现代化进程中，德、奥、意、日等国则保留着深重、浓厚的封建主义残余，使得它们逐步走上军国主义、法西斯主义道路，对内实行恐怖统治，对外发动侵略战争，给各国人民造成惨绝人寰的痛苦和灾难。它们自己也在第二次世界大战中被彻底打败，最终从资本主义现代化邪路重又回到英法美等国资本主义现代化道路，成为资本主义现代化的同一圈层。历史地看，在发展进程中，现代化与现代性成为一对相互联系的概念。现代化是人类社会因工业革命所引起的政治、经济、思想以及文化等领域由传统向现代转型的进程和趋势。① 现代性则是不同国家在实现现代化过程中抽象总结出的一般性的、普遍性的概念。中国式现代化及其表现出来的现代性，是现代化和现代性的一般特征、一般规律在中国推进现代化过程中的具体体现，它们之间是“普遍与特殊”、“一般与具体”的关系。

（一）现代化与现代性的关系

在当今社会，“现代化”与“现代性”是两个频繁出现且如影随形、紧密相关的概念。何谓现代化？何谓现代性？二者之间有何异同？

---

① 罗荣渠：《现代化新论：世界与中国的现代化进程》，商务印书馆2004年版，第17页。

1. 现代化：一场全方位的社会变革之旅

无论是在政策文件、新闻报道，还是在日常交流中，“现代化”都是人们经常使用的概念。这是因为，现代化并非一个简单的范畴，它涵盖了经济、政治、文化、社会、科技等多领域的深刻变革与发展，全面而深刻地影响着我们生活的方方面面，宛如一场波澜壮阔的全方位变革之旅。

第一，经济现代化：筑牢发展根基。

经济现代化，涵盖生产力提升、产业结构优化、完善经济体制以及参与全球经济等多方面，是国家发展的关键驱动力，是推动社会进步的核心力量。

生产力的飞跃是经济现代化的显著标志。在传统农业社会，人力、畜力是主要生产力，效率低下。工业革命带来机器生产，效率大幅提升。如今，智能化、自动化技术广泛应用，如汽车制造企业引入工业机器人，不仅提高了生产速度，产品质量也更稳定，生产力呈几何倍数增长。产业结构优化是经济现代化的重要体现。在社会发展早期，农业在经济中占主导。受工业革命的影响，工业开始成为社会发展的支柱产业。到了现代，服务业成为经济支柱。在发达国家，金融、教育、医疗等服务业高度发达，甚至占到 GDP（国内生产总值）的 70%以上。同时，新兴产业不断涌现，如 5G、人工智能、新能源等，以新质生产力发展推动产业结构向智能化、绿色化转变。在全球化背景下，参与全球经济也是经济现代化的关键。各国通过贸易、投资紧密相连。跨国公司在全球布局生产与销售，实现资源最优利用。例如，一部手机的生产，芯片、屏幕、组装等环节分布在不同国家，通过国际分工合作，降低成本，提升产品竞争力。

第二，政治现代化：构建民主法治秩序。

政治现代化是现代化进程中的重要内容，它关乎国家的治理模式、权力分配和公民权利保障。

在传统社会，政治权力往往高度集中在少数人如封建君主或贵族阶层等手中。随着现代化的推进，民主政治逐渐成为主流。民主政治的核心是人民当家作主，公民通过选举、投票等方式参与国家政治生活，表达自己的意愿和诉求。例如，在现代国家，定期举行的选举使公民能够选择代表自己利益的政府官员。此外，政治现代化还体现为政府职能的转变和治理能力的提升。传统的政府主要侧重于统治和管理，而现代政府更加注重服务职能。政府致力于提供教育、医疗、社会保障、基础设施建设等公共服务，以提高人民的生活质量。同时，随着信息技术的发展，政府治理方式也在不断创新。电子政务的推广，使政府与公民之间的沟通更加便捷高效，公民可以通过网络平台办理各种政务事项，查询政府信息，参与公共事务的讨论和监督等。

第三，文化现代化：激发精神动力。

文化现代化是现代化进程中的精神引擎，它涵盖了思想观念、价值体系、文化产业等多方面的变革与发展。

思想观念的更新是文化现代化的重要体现。在传统社会，人们的思想观念受到封建礼教、宗教迷信等因素的束缚。随着现代化的推进，科学精神、理性思维逐渐深入人心。人们开始运用科学的方法去认识世界和改造世界，不再盲目相信传统观念和权威。例如，在医学领域，过去人们对疾病的认识往往带有迷信色彩，认为生病是神灵的惩罚。如今，通过科学研究，人们了解了疾病的成因和治疗方法，依靠现代医学技术战胜疾病。同时，文化产业的发展是文化现代化的重要标志。人们对文化产品和服务的需求日益增长。电影、电视、音乐、出版、动漫等文化产业蓬勃发展。

第四，社会现代化：营造和谐生活环境。

社会现代化致力于打造一个更加公平、和谐、包容的社会环境，提升人们的生活质量和幸福感。

社会结构的变迁是社会现代化的重要表现。在传统社会，社会结构相对简单，主要以农业人口为主，阶层分化不明显。随着城市化进程的不断推进，城市规模不断扩大，城市中的农村人口比例增加，形成了多元化的社会阶层。除了传统的工人、农民阶层，还出现了专业技术人员、管理人员、自由职业者等新兴阶层。教育和医疗水平的提升是社会现代化的重要指标。在现代社会，教育被视为提升个人素质、促进社会公平的重要手段。普及九年义务教育，让更多的孩子有机会接受基础教育。高等教育的大众化使得越来越多的人能够接受专业知识和技能的培养，为社会培养了大量的高素质人才。在医疗方面，医疗卫生体系不断完善，医疗技术水平大幅提高。先进的医疗设备、高效的药物研发以及专业的医疗人才队伍，为人们的健康提供了有力保障。

2. 现代性：现代化成果的多面呈现

现代性是现代化进程所衍生出的一系列特征和状态，它从多个维度展现了现代化带来的深刻变化。在有关现代性的诸多说法中，根据不同的研究视野，大致可分为以理性为核心关键词的哲学现代性话语，以制度和秩序为主要关键词的社会学现代性话语，以审美为核心关键词的美学现代性话语。

第一，以理性为核心关键词的哲学现代性话语。

在哲学的现代性话语中，现代性意味着对奴隶社会、封建社会等前现代传统社会形态的跨越、升华。在这一历程中，现代社会的核心特质——理性得以逐步确立。与现代社会高扬的理性精神相比，前现代社会是一个充满着神秘与神权的社会，人们对世界的未知以宗教世界中的神来解释，以神性主宰人性，以宗教教条作为社会运行法则，是一个以君权、皇权、教权为主导的时代。自文艺复兴运动中启蒙理性兴起后，神性的“祛魅”开始了。现代性的本质、起源及其发展动力都在理性中找到依据，将理性、思想启蒙作为标识性概念，在理性原则框架内解释世界的文明与野蛮、进步与倒退。

第二，以制度和秩序为主要关键词的社会学现代性话语。

社会学现代性话语，主要从社会制度、社会组织、社会秩序层面展开对现代社会的本质特征、发展动力等方面的研究。现代性主要表现在“科层制”、“民族—国家制度体系”以及“工业主义”等方面。德国社会学家马克斯·韦伯提出以严密规则为主要原则的“科层制”管理体制。在这一体制中，每个人都有明确的分工和职责，形成高度系统性、秩序性的社会组织形式。这与传统社会中以宗族、感情、习俗来维系社会秩序相比，形成显著差别。例如，吉登斯认为，“现代性指社会生活或组织模式，大约十七世纪出现在欧洲，并且在后来的岁月里，程度不同地在世界范围内产生着影响”①。

第三，以审美为核心关键词的美学现代性话语。

美学现代性话语，就是在审美批判中以感性和审美体验为主，对现代性进行描述。事实上，不少学者从主体的审美体验、心理感应的层面刻画了不同于传统的现代性画面，如鲍曼之“流动的现代性”、波德莱尔之“过渡的、短暂易逝的、偶然的”② 现代性。德国社会学家齐美尔提出，现代性的核心特征呈现为一种心理主义倾向。它基于人们内心生活所产生的反应，将内在世界作为基石，去感受和诠释外部世界。在心灵如同流动的河流般的动态变化里，原本固定的内容逐渐土崩瓦解，一切具有本质属性的事物都像被细密滤网层层滤除过一般。最终留存下来的，仅仅是如同不断奔腾水流般的运动形式。③ 这是对传统的那种牢固的、不变的关系的一种碎片化表现。

除了以上对现代性的话语分析，还有政治现代性、经济现

① ［英］安东尼·吉登斯：《现代性的后果》，田禾译，译林出版社 2000 年版，第 1 页。

② 《波德莱尔美学论文选》，郭宏安译，人民文学出版社 2008 年版，第 439—440 页。

③ 周宪：《审美现代性批判》，商务印书馆 2005 年版，第 66—67 页。

代性、文化现代性、技术现代性等的叙事话语和叙事体系。①

3. 现代化与现代性之间存在着紧密的相互依存、相互促进的关系

现代化与现代性是相互交织、不可分割的整体。现代化是现代性形成的基础和前提，而现代性则是现代化追求的目标和成果体现，为现代化提供了持续的动力和方向指引。科学把握二者之间的关系，有利于更深入了解世界现代化过程及现代性所宣扬的价值理念。

一方面，现代化是现代性形成的基础和前提。如果没有现代化进程中经济的快速发展，就无法为整个社会提供丰富的物质基础，人们的生活水平难以提高，也就难以形成现代性所倡导的多元化文化和个性化追求，思想的自由表达和创新也会受到限制，现代性所强调的理性、科学精神也难以得到广泛传播和发展。例如，只有满足人们的物质需求以后，才会去追求精神层面的享受，如艺术创作、文化鉴赏等。

另一方面，现代性为现代化提供了持续的动力和方向指引。现代性所蕴含的理性、创新、民主等观念，激发了人们的创造力和积极性，推动了科技的不断进步和社会制度的完善。在理性精神的驱动下，科学家们不断探索未知领域，推动科技创新，为经济发展注入新的活力。例如，对环境保护的理性思考促使企业研发更加环保的生产技术和产品，有利于推动经济的可持

---

① 毛勒堂、杨园：《何谓现代性：马克思的本质解答及其意义》，《云南社会科学》2020 年第 5 期。

续发展。

（二）中国式现代化对现代化与现代性的彰显

作为人类社会发展的重要阶段、重要进程，现代化长期以来都被视为民族国家走向繁荣富强的必由之路。在世界现代化的历史长河中，不同的国家或地区基于各自的国情和发展历程，探索出了各具特色的现代化道路。中国式现代化作为一种新的现代化形态，以其独特的理念、路径和发展成果，为人类现代化进程注入了全新的活力与理念，在世界舞台上扮演着极为重要的角色。

1. 打破定式的示范引领者

在过去相当长的时间里，西方现代化模式被普遍认为是实现现代化的唯一路径。这种模式以资本主义私有制为基础，强调个人主义和自由市场经济，在全球范围内产生了深远影响。然而，中国式现代化的成功实践，彻底打破了这一思维定式。

在世界现代化进程中，没有抽象的现代化，只有结合本国具体实际的现代化。一个国家进行现代化建设，就必须将遵循现代化建设的一般规律与本国的具体实际相结合，实现共性与个性的辩证统一，才能获得成功。习近平指出，“一个国家走向现代化”，“要遵循现代化一般规律”。[①] 同时，“独特的文化传统，独特的历史命运，独特的基本国情，注定了我们必然要走

① 《习近平在学习贯彻党的二十大精神研讨班开班式上发表重要讲话强调　正确理解和大力推进中国式现代化》，《人民日报》2023 年 2 月 8 日。

适合自己特点的发展道路”①。在探索自身现代化发展道路的过程中，中国始终坚持从具体实际出发，立足本国国情，走出了一条人口规模巨大、全体人民共同富裕、物质文明和精神文明相协调、人与自然和谐共生、走和平发展道路的具有中国特色的现代化之路。

2. 拉动增长的强劲动力源

作为世界第二大经济体，中国以其庞大的经济规模和持续的经济增长，为世界经济发展注入了强大动力，在全球现代化进程中发挥着不可替代的作用。

在全球产业链和供应链中，中国占据着至关重要的地位。作为全球制造业大国，中国能够生产从基础原材料到高端装备等各类产品。从日常消费品到电子元器件，中国的产品遍布全球市场。例如，中国浙江义乌，已经成为“世界超市”，汇聚了26个大类210多万种商品，成为全球最大的小商品集散地之一。这一事实，充分展示了中国在全球经济中的重要性，也表明中国经济的稳定发展对全球现代化进程的积极影响。

中国庞大的消费市场，为世界各国提供了广阔的发展机遇。随着中国居民生活质量的提高，消费结构也持续优化升级，对高品质商品和服务的需求日益增长。外国企业纷纷进入中国市场，分享中国消费市场增长带来的红利。例如，众多国际知名品牌在中国开设门店，拓展业务。中国的进口规模不断扩大，

① 习近平：《习近平著作选读》第一卷，人民出版社2023年版，第150页。

为世界各国的产品出口提供了广阔空间，促进了相关国家的经济发展和就业增长。

3. 携手共进的合作倡导者

中国式现代化注重构建人类命运共同体，秉持共商共建共享的全球治理理念，提出全球发展倡议、全球安全倡议、全球文明倡议，推进高质量共建“一带一路”，与世界各国开展广泛而深入的合作，为全球现代化进程贡献中国智慧、中国力量。

例如，“一带一路”倡议聚焦沿线国家，着力打通政策、设施、贸易、资金、民心五大通道，全力推动政策沟通、设施联通、贸易畅通、资金融通、民心相通，促进共同发展。在基础设施建设方面，中国与沿线国家合作建设了一系列标志性项目，如中老铁路、蒙内铁路等。这些项目的建成，极大地改善了当地的交通状况，促进了人员往来和贸易发展，促进当地经济社会新发展。此外，中国在教育、文化、科技等领域与其他国家开展了广泛的交流与合作。通过举办各类国际学术会议、文化活动等，促进了不同国家之间的文化交流和知识共享。

中国式现代化以其独特的发展道路、创新的发展理念、强大的经济动力和积极的国际合作精神，在全球现代化进程中扮演着示范引领者、理念创新者、动力贡献者和合作推动者的重要角色。随着中国现代化建设的不断推进，将为世界各国提供更多的发展机遇和借鉴经验，为推动全球现代化进程作出新的更大的贡献。

第二章　世界现代化道路概览

18 世纪 60 年代至 19 世纪前中期发生的第一次科技革命和工业革命，以及同一时期发生的第一次全球化浪潮，形成了资本主义与全球化和现代化的互动，引导着人类社会从农业文明时代进入崭新的工业文明时代，从而改变了世界历史的发展方向。这场转变发端于西欧，并迅速向外扩展。此后，世界各国和各地区，不论语言、文化、种族有什么差别，不管社会政治制度有什么不同，更不论意愿如何，都被卷入现代化大潮之中。纵观世界现代化的历史进程，从英国的一枝独秀到西方的群体性领先，从北美的强势超越到日俄的迅速崛起，从苏联的社会主义道路到中国的独特模式，你追我赶，异彩纷呈，展现出人类数千年历史上绝无仅有的宏大历史画卷。完全可以说，“现代化”过程本身就具有特定的历史性内涵。在这一画卷中，既有以英法德为代表的西欧模式、以美国为代表的北美模式，也有遭遇挫折的苏联模式、东欧模式，同时，中国式现代化也为世界现代化提供了一种全新的方案。世界各国对现代化道路的具体探索，共同形成了世界现代化的多彩进程，不断拓展着现代化的丰富内涵。

一、主要资本主义国家现代化道路探索

（一）英国的现代化进程

在一个相当长的历史时期内，英国一直处于世界文明的边缘。近代以后，英国迅速崛起，从一个偏远的岛国变为欧洲的强国，继而成为世界大国，最后成为首屈一指的所谓“日不落帝国”。英国给世界留下了深刻的印记，它的现代化发展所开创出来的现代文明的成就给世界其他地区提供了一种“范本”。

1588 年，英国打败了西班牙的“无敌舰队”，这标志着英国已经成为欧洲大国，开始走向世界舞台。都铎王朝使得英国成为统一的民族国家，也使英国迎来了第一个鼎盛时代。英国逐步走向富强的同时，君主专制制度的弊端开始显现，最终导致英国爆发了资产阶级革命，推翻了君主专制，建立了资产阶级共和国。1688 年的“光荣革命”使得英国确立了君主立宪制，随之而来的一系列改革，为现代英国政治制度奠定了基础，也为后来的现代化制度树立了“标尺”。

自 18 世纪开始，以纺纱机、织布机的发明为起点，以蒸汽机的革新和大规模应用为标志的工业革命，为英国实现工业化奠定了基础。一系列的技术革新极大地提高了生产力，英国凭借纺织、采煤、钢铁、机器制造等支柱产业，以及海运、出口、金融等方面优势，成为世界工厂和贸易中心。铁路网覆盖全国，造船工业发展，远洋航行占据优势，伦敦成为世界最大港口，国际金融中心地位进一步加强。英国还首创了工厂制，实现了

人类生产组织形式的巨大革新，极大地提高了劳动生产率，改变了人们的生活方式。由此引发的新的社会分工，使得英国城市化进程加快，新的社会阶层和阶级结构渐渐形成。至 19 世纪 50 年代，英国工业在国民生产总值中的比重超过了 50%，基本完成了农业经济向工业经济的转型，成为当时世界上唯一的工业国，英国模式引领了西欧国家现代化的态势。

自 19 世纪 70 年代开始，其他国家工业革命快速发展，独立之后的美国工业能力跃升世界第一；统一之后的德国也快速赶超英国；俄国、日本渐渐逼近；来自法国的压力仍旧存在。丧失的科技优势，未进行的产业更新，未扩大的企业规模，远落后于邻国的教育制度，企业家精神的丧失以及自由贸易的副作用，所有这些，使得英国渐渐失去了领先位置。

第二次世界大战结束后，英国的相对衰落更加明显，企业国有化以及福利制度相继出现问题，甚至一度出现了“英国病”，英国也变成了所谓的“欧洲病夫”。曾几何时，英国是整个世界的榜样，而此时，英国则成为世界关注的反面教材。于是，英国开始尝试现代化转型，优化经济结构，发展能源产业，大幅扩展服务业，同时，积极参与欧洲一体化进程，推动自由贸易与全球化进程，加强与其他地区的交流合作，渐渐融入世界经济和政治体系之中。英国还大力培育国家创新体系，制定了一系列科技发展规划和政策，构建激励创新的制度体系和良好的创新环境，以科技创新带动现代化发展。如今，虽然取得了一定程度的发展，但英国“脱欧”对其现代化进程的深远影响仍需要重新评估，需要着力探寻现代化困境的破解之策。

英国为现代文明作出的贡献是有目共睹的。英国之所以在一个多世纪里稳坐世界第一强国的宝座，关键就在于政治、经济、文化、社会各个方面的制度创新所带来的制度优越性。英国在许多关键节点上的创新，如民族国家的建立、重商主义、政治变革、议会制度、工业革命、科学进步等等，在当时都领先于世界。创新是英国走向强盛的密码。然而，在随后100多年的时间里，英国曾经的优势却渐渐丧失，究其原因，就是创新能力的缺失。国家的振兴与强大离不开创新，特别是制度创新。逆水行舟，不进则退。第二次工业革命之后，英国未能继续保持各方面的创新。缺乏了创新能力，英国也就随之一步步衰落，进而丧失了继续引领现代化潮流的机会。

（二）美国的现代化进程

1776年的《独立宣言》，标志着美国从英国的殖民统治下获得独立。随后，美国便开启了现代化的进程。1787年，美国制定联邦宪法，确立了联邦制、总统制和三权分立等政治制度，为美国的现代化发展奠定了政治基础。人们一般将1790年作为美国工业化开始的年份。这一年，斯莱特纺纱厂建立。在吸纳英国经验的基础上，美国迅速扩大棉纺织厂的规模和产量，并对英国的生产和管理模式进行了创新。在棉纺织业的带动下，农业、手工业逐渐转向机器制造业，其他行业也纷纷转向工业生产，引起了美国经济发展的巨大变革。

自19世纪初起，美国不断扩张领土，为经济的发展提供了广阔的空间和丰沛的资源。在沿用英国的自由主义经济模式的基础上，美国从欧洲搬来了金融和财政制度，证券市场、交易所和股份公司开始出现，并通过股份公司的筹资修建起公路、运河和桥梁等基础设施，工业革命勃兴。随着工业化的推进，美国的社会结构发生了深刻的变革。19 世纪末至 20 世纪初，美国经历了第二次工业革命，电力、钢铁、汽车等新兴产业迅速发展，推动了工业化和城市化进程。进入 20 世纪后，在“福特式生产方式”、罗斯福新政、凯恩斯主义的影响下，美国开创了市场和政府共同作用的市场经济模式，科技和制度创新活力迸发。在两次世界大战期间，美国的经济得到了空前的繁荣。战争需求直接推动了军备生产、科研和技术进步，同时也促进了国内就业和经济增长。

第二次世界大战之后，美国进入了新的增长阶段，其工业总产值一度占到了世界总量的一半以上，并且在世界范围内建立了以美元为中心的国际金融体系。政府通过实施一系列的经济政策，如建立社会保障制度、推动农业现代化等，进一步促进了经济的发展。这一时期，美国也经历了深刻的社会变革。黑人民权运动、妇女解放运动等社会运动，推动了社会公正和平等的发展。教育、科技、文化等领域也取得了显著的进步。美国的高等教育体系逐渐完善，科研实力不断增强，成为世界上最重要的科技中心之一。

20 世纪 60 年代以来，美国经济逐渐从工业经济向服务经济转型。同时，美国积极参与全球化进程，推动自由贸易和区域经济一体化，跨国公司的兴起和全球市场的形成进一步推动了美国经济的发展。但是，伴随着现代化的快速发展，一系列社会问题，如贫富差距、种族歧视、环境污染等，也逐渐对美国社会产生了深远的影响。美国政府和社会各界通过加强社会保障、推动教育改革、加强环境保护等措施，努力解决这些问题，以促进社会的和谐与稳定，持续推动现代化的进程。美国高度重视创新的重要性，从信息技术到生物技术、从新能源到人工智能，美国都在不断推动科技创新和产业升级，且一直保持着世界领先地位。这些科技创新，不仅推动了美国现代化进程，也为全球现代化进程作出了重要贡献。

作为曾经的英属殖民地，美国与英国在人口、政治、经济、文化等方面有着密切的联系，这就使得美国开启现代化进程之初就与当时世界上现代化程度最高的国家站在了同一条起跑线，因此使得美国的现代化建设相比英国减少了很多实质性的障碍与困难。然而，北美独特的条件使美国的现代化绝不能简单复制欧洲国家现代化模式，这也同时使欧洲移民不得不以创新的思维对传统观念、母国制度和社会运行方式加以创造性转化，并由此建成了一个与众不同的现代化“新大陆”。美国的现代化进程初期有着鲜明的欧洲印记，后期通过创新又烙上鲜明的美国特色并反向输出，对欧洲产生了不小影响。

（三）德国的现代化进程

德国的现代化进程与欧美国家现代化进程同频共振，汇流于世界现代化进程的总体趋势。但是，与西欧其他国家相比，德国的现代化进程具有鲜明的德国特色，即启动晚、进展快、跳跃式发展。

在德国还是由许多小国家组成的松散联盟的时候，其统治阶级通过开明专制和改革等“上层革命”方式，实现了从传统社会向现代社会的平稳转型。然而，没有统一的中央政府，没有统一的国内市场，以及长期的分裂局面，使得德国的现代化起步较晚。伴随着工商业的发展，德国逐渐走向现代化，同时迫切要求建立统一的国内市场。在铁血宰相俾斯麦的领导下，德国建立起现代民族国家，开始集中国家权力进行现代化建设。德国有效利用了已有的教育、人才和科技基础，并充分利用第二次科技革命和产业革命的契机，创造了迅速赶超先发国家的工业化奇迹。

必须提及的是，德国的现代化道路最终走向了与英美不同的方向。军国主义传统深厚的德国，错误地发动两次世界大战，既给世界带来灾难，也使本国现代化进程遭受重创。第一次世界大战之后，德国被强制签下了不平等的《凡尔赛条约》，并向战胜国赔偿了巨额赔款，同时失去了所有殖民地。新建的魏玛共和国政府为了偿还债务，压榨了德国经济，导致德国的马克持续暴跌，经济整体崩盘。为了摆脱困境，德国向英美两国贷款了大量货币，以振兴经济发展。然而，1929 年世界爆发了罕见的经济大萧条，使德国经济雪上加霜，由经济危机引发的政治动荡使得希特勒领导的纳粹党得以趁机崛起，并通过一系列政治手段掌握了政权。纳粹政权推行极端民族主义、种族主义和军国主义政策，对内镇压异己力量，对外积极扩张。在希特勒的领导下，德国走上了法西斯道路，并发动了第二次世界大战。这场战争，又一次给德国带来了巨大的破坏和损失，也打断了其现代化的正常进程。这是一条现代化的邪路。

第二次世界大战结束之后，在美英法占领区之上建立起来的联邦德国摒弃军国主义传统，重新开启现代化进程。德国仅用了 20 多年时间便发展为现代发达国家。在新的独特探索中，德国回归了其现代化的历史逻辑，重新走上了资本主义现代化的老路。德国建立了民主的政治制度，为德国的现代化发展提供了稳定的政治环境，使政府能够在法律框架内有效地制定和执行经济政策。在经济上，德国进行货币改革，稳定物价，抑制恶性通货膨胀。美国实施的马歇尔计划，则为德国的经济恢复提供了重要的外部助力，大量的资金、物资和技术援助涌入，使得德国凭借其深厚的工业底蕴和高素质的劳动力队伍，迅速展开了工业基础的重建工作，实现了经济改革与复苏。在对外贸易上，德国积极拓展对外贸易，利用自身的工业优势，逐步打开了国际市场，与欧洲国家建立了紧密的贸易关系，实现了区域内的自由贸易和经济合作。在社会凝聚力与民族精神的重塑上，德国在战后深刻反思战争罪行，通过教育、文化等多种途径重塑民族精神，德国社会形成了对战争的集体反思和忏悔意识，这种反思精神促进了社会的和解与团结。

（四）日本的现代化进程

1868 年，日本明治天皇颁布《五条誓文》，表明要改革旧制、向西方学习，开始了明治维新。随后，日本进行了一系列资本主义改革，包括开始全面开放，积极引进西方科学技术与机器设备、招聘外国专家、派遣学生出国留学、培养本国的专业技术人才等，通过向西方学习先进知识、技术、殖产兴业、发展教育、富国强兵。同时，日本开始建立一批军工、铁路、矿山、航运等重工业及化工企业，资本主义经济开始萌芽成长，为未来产业革命打下了物质基础。

明治维新，一方面使日本较快完成了对国家政体的改造，综合国力迅速提升，一度成为超越欧洲国家的亚洲工业强国；另一方面，国家实力的上升导致军国主义的泛滥，日本开始不断对外扩张，侵略四邻，成为第二次世界大战的东方策源地，最终于 1945 年战败投降。这同样是一条现代化的邪路。

二战后，在《和平宪法》的约束下，日本现代化迎来二次发展的黄金期。在政治上，日本建立了以天皇为中心的君主立宪制，通过新宪法确立了民主、和平和尊重人权的基本原则，为日本的现代化发展提供了政治保障。在经济上，日本作出新的调整，重点发展基础工业和出口导向型经济，通过引进外国技术和管理经验，加强自主研发和创新，迅速提升了工业实力。在教育与科技方面，日本高度重视教育，将其视为国家崛起的关键因素，迅速恢复了教育体系并加大了对科技研发的投入，培养了大量高素质人才，最终完成了教育的现代化。在对外关系上，日本积极改善与周边国家的关系，通过外交手段部分化解了历史遗留问题，同时日本也积极参与国际经济合作和区域一体化进程，提升了自身的国际地位。1968 年，日本赶超联邦德国，成为西方世界第二经济大国。

自 20 世纪 80 年代起，日本经济进入了高速发展时期，但长期实行的低利率政策导致地产和股市泡沫膨胀，经济出现虚假繁荣。日本企业过度投资，生产能力过剩，最终导致经济泡沫破裂。此后日本经济陷入长期停滞，被称为“失去的二十年”。随着赶超时代的结束，日本经济增长速度开始下降，出现国内消费不足、贫富差距拉大、经济过度依赖海外、对外经济摩擦不断等突出问题。日本政府开始调整经济政策，推动科技创新和产业升级，逐渐从工业化社会向后工业化社会转型，服务业和高新技术产业成为经济增长的主要动力，以适应后工业化社会的需求。

作为后发外生性的现代化国家的代表，日本赶超型的现代化具有不同于欧美国家的特点，主要表现为：第一，日本现代化发展进程呈现较强的不平衡性，体现在政治、经济、社会、文化等各方面。第二，日本现代化有着较强的外部依赖性特点。二战后，日本的现代化发展得到美国在资金贷款、技术转让、市场开放等各个方面的大力扶持。第三，日本现代化是国家主导型的现代化，权力集中于中央政府。

从历史进程来看，一方面，西方主要资本主义国家现代化是伴随资本主义现代生产方式即资本的生产与再生产的发展过程逐步形成并走向世界的历史产物，其本质在于资本的无序扩张和对剩余价值的无限剥削。另一方面，西方政党体制在一定程度上推动着西方资本主义现代化的发展，以多党制或两党制作为其主要形式，并自诩这种自由选举、多党竞争、轮流执政为世界现代化民主的“文明典范”，极力向非西方国家输出所谓的“民主模式”。然而，这些国家在现代化进程中也存在许多共同的问题，如城市化导致的城市拥挤，过度工业化导致的资源破坏与环境污染，社会流动造成的社会动荡、治安问题，追求利益导致的道德缺失问题，物质文明与精神文明不相协调等问题。这些问题是广泛而严峻的，它们有些是现代化进程中不可避免的，有些则是因为政策失误造成的。

总之，西方发达国家是靠残酷剥削、对外扩张、殖民掠夺的方式走向现代化的，走的是一条充满血腥罪恶的现代化老路。正如习近平总书记所指出的："一些发达国家工业化搞了几百年，但由于社会制度原因，到现在共同富裕问题仍未解决，贫富悬殊问题反而越来越严重"[①]，"我们建设现代化国家，走美欧老路是走不通的，再有几个地球也不够中国人消耗"[②]。

二、主要社会主义国家现代化道路探索

（一）苏联的现代化进程

十九世纪、二十世纪之交，俄国面临着一个新时代。从世界历史的总进程来看，伴随着现代化的涌动和发展，资本主义已由自由竞争发展到垄断阶段。从俄国国内状况来看，此时的俄国已经走上资本主义道路，但仍然是一个尚未实现资本主义现代化的落后国家。整体而言，"俄国是个介于文明国家和初次被这场战争最终卷入文明之列的整个东方各国即欧洲以外各

---

① 《习近平著作选读》第二卷，人民出版社 2023 年版，第 502—503 页。

② 习近平：《论坚持人与自然和谐共生》，中央文献出版社 2022 年版，第 23 页。

国之间的国家”①，“最落后的土地占有制”和“最先进的工业资本主义”同时存在。十月革命前的俄国，经济文化异常落后，比发达的资本主义国家要落后 50—100 年。列宁从来不否认、也不回避俄国落后的现实。他指出：“人民群众这样被剥夺了接受教育、获得光明、求取知识的权利的野蛮的国家，在欧洲除了俄国以外，再没有第二个。”② 经济发展程度和文化教育程度都远比西欧国家落后，愚昧无知状态成为全党和全国人民的重大祸害之一。十月革命后，苏俄、苏联开启了有别于资本主义现代化的尝试。列宁曾形象地比喻，社会主义建设犹如攀登一座崎岖险阻、未经勘探、人迹罕至的高山，根本没有什么早经试验合格的东西。列宁及时提出，党要把工作的重点转移到经济建设上来。列宁认识到，社会主义必须建立在高度社会化的生产力的基础上，为此，必须实现社会主义工业化和电气化。列宁指出，增加财富、建立社会主义社会的真正的和唯一的基础只有一个，这就是大工业；而适合最新技术水平并能改造农业的大工业就是全国电气化。列宁认为，为了实现工业化，必须掌握和运用先进的科学技术，团结和利用科学家、技术专家，充分发挥他们的作用。列宁还把国家工业化的任务具体化为一个具有先进水平的全国电气化计划，并称之为党的“第二个党纲”。针对俄国经济社会发展和科技革命特别是电气

① 《列宁全集》第四十三卷，人民出版社 2017 年，第 374 页。

② 《列宁全集》第二十三卷，人民出版社 2017 年，第 110 页。

化发展的实际情况，列宁强调："必须使每一个工厂、每一座电站都变成教育的据点，如果俄国布满了由电站和强大的技术设备组成的密网，那么，我们的共产主义经济建设就会成为未来的社会主义的欧洲和亚洲的榜样。"[①] 列宁曾提出两个著名的论断和公式，即"共产主义就是苏维埃政权加全国电气化"[②]；"乐于吸取外国的好东西：苏维埃政权＋普鲁士的铁路秩序＋美国的技术和托拉斯组织＋美国的国民教育等等等等＋＋＝总和＝社会主义"[③]。1861 年俄国农奴制改革开启了向现代化的探索，但是，在 1917 年的俄国，农业仍是国民经济的主要成分，农业劳动力占全部劳动力的 80％以上。俄国工业发展速度不仅慢于西欧诸国，也慢于后起的德国、奥匈帝国和日本。同时，俄国的城市化水平较低，基础设施也十分落后，人口素质低下。俄国十月革命之后，布尔什维克党虽然取得了政权，但是他们遭遇的却是马克思、恩格斯等马克思主义经典作家所没有遇到过、没有透彻分析过的另一种经济、政治和文化环境。苏俄、苏联的社会主义现代化道路正是基于俄国的具体实际展开的。

俄共（布）取得政权之后，在建设中面临两个任务：建立社会主义经济制度与实现国家的现代化（工业化）。最终，俄共

① 《列宁全集》第四十卷，人民出版社 2017 年，第 161 页。

② 《列宁全集》第四十卷，人民出版社 2017 年，第 30 页。

③ 《列宁全集》第三十四卷，人民出版社 2017 年，第 520 页。

（布）及后来的联共（布）、苏共[①]决定将国家现代化目标的实现纳入社会主义建设的范畴，用社会主义生产方式来实现国家的现代化，又通过现代化提供建成社会主义所必需的物质基础。这个战略，在人类历史上没有先例可供借鉴，因此苏联尝试建立了世界第一个计划经济体制，通过国家力量迅速实现了国家工业化，并创建了完全不同于西欧北美的现代化模式。

斯大林担任党和国家最高领导人之后，苏联开始了快速的现代化进程，如何解决"落后"问题是此时的核心问题。斯大林曾提出两个著名口号，即"在改造时期，技术决定一切"[②]；"在我们目前的条件下，干部决定一切"[③]。斯大林领导制定了第一个"五年计划"，旨在通过集中力量发展重工业和农业集体化来推动国家的快速现代化。苏联的工业体系迅速发展，城市迅速崛起，大量农民涌入城市成为工人，强制集体化运动使得农业的整体效率得到了显著提高。同时，苏联全面重视科技和教育，并在航空、原子能、化学和医学领域取得了举世瞩目的成果。到 1940 年，即苏联第三个五年计划执行的第三年，苏联已经从落后的农业国成为欧洲第一、世界第二大工业国。尽管存在各种各样的问题，但苏联通过计划经济，加速国家工业化所

---

① 1898 年 3 月，俄国社会民主工党成立。1903 年 7—8 月，称之为俄国社会民主工党（布尔什维克）。1918 年 3 月，改称为俄国共产党（布尔什维克），简称俄共（布）。1925 年 12 月，改称苏联共产党（布尔什维克），简称联共（布）。1952 年 10 月，改称苏联共产党，简称苏共。1991 年 8 月，苏联共产党解散。

② 《斯大林选集》下卷，人民出版社 1979 年，第 275 页。

③ 《斯大林选集》下卷，人民出版社 1979 年版，第 373 页。

取得的成就是史无前例的。

斯大林逝世后，赫鲁晓夫提出了新的经济政策，在农业方面去除农庄积累的种种弊端，在工业方面则通过大量增加生产资料投资，更好地利用现有资本和重建旧的工业企业。然而，赫鲁晓夫并未认识到，随着初期工业化任务的完成，计划经济体制已经不能保持经济的持续发展，必须引入市场经济进行体制上的重塑。这种操之过急、缺乏对细节研究的决策，使得1958年以后的改革基本都失败了，甚至还造成了经济混乱，对后续发展产生了消极的影响。

随后的勃列日涅夫时期是苏联历史上的一个重要阶段。在他的领导下，苏联的国民生产总值一度超过7000亿美元，相当于美国的70%，重工业和军事工业蓬勃发展，其尖端技术居于世界前列，使得苏联有勇气与美国正面交锋。然而，在新技术革命来临之际，由于完全没注意到微电子技术的巨大影响，导致新技术革命所产生的每一个高新技术产业，苏联基本上都是落后的。同时期的美国通过新技术革命建设信息社会，而苏联仍然停留在以传统工业增长为主题的经济发展阶段，苏联追赶美国的梦想彻底无法实现了。此时，苏联的经济结构仍然过于依赖重工业和军事工业，而轻工业和农业的发展相对滞后，这导致了人民生活水平的提高不明显。政治体制改革停滞不前，也为苏联后来的解体埋下了伏笔。

随后担任苏联领导人的安德罗波夫，将改革主要集中在经济和政治体制方面，契尔年科的政策基本延续了安德罗波夫时期的政治和经济政策，保持了苏联政局的相对稳定。这些改革措施，虽然在一定程度上改善了苏联的经济和社会状况，但最终未能阻止苏联的解体。

戈尔巴乔夫则试图通过改造苏联的经济、政治、意识形态和社会结构来实现社会主义制度的现代化。在经济方面，戈尔巴乔夫提出了“珍宝计划”，取消了计划经济体制，实行了市场经济体制，允许私有财产的存在和市场竞争的实行。在政治方面，戈尔巴乔夫提出了“新思维”和“民主化”的口号，试图通过政治改革来推动苏联社会的现代化。他取消了一党制，允许多党制和选举制度的实行。在对外方面，他取消了对东欧国家的干涉和控制，推行和平共处与国际合作的政策，同时试图改善苏联与西方国家的关系。然而，戈尔巴乔夫的“改革与新思维”，从根本上放弃了社会主义的价值观念和政治体制，取消了马克思主义的指导地位，取消了苏共的法定执政党地位，取消了公有制经济对国家经济的有效控制，从而造成苏联党和国家思想上、政治上的混乱和国家经济的继续恶化，为西方国家宣传资本主义、攻击共产主义，从而瓦解苏联提供了可乘之机。苏共的解散、苏联的解体，意味着 1917 年开始的通过社会主义道路实现国家现代化努力的最终结束。苏联社会主义建设、苏联社会主义现代化探索，从崎路走上歧路。

（二）东欧主要国家的现代化道路

1. 捷克的现代化进程

捷克现代化的特殊性，在于其工业化进程开始于民族国家出现之前。18 世纪中后期，哈布斯堡王朝的“开明专制”进一步削减了波西米亚贵族特权，为捷克启动现代化进程奠定了制度基础。由于捷克的亚麻布、棉布以及棉纺织品早已经输出到海外市场，因此在发展制造业、刺激工业与贸易发展的政策下，纺织业更加繁荣。波西米亚的手工厂采取工资劳动形式，使用简单的机器，进行有一定计划的分工，发展较为迅速。与此同时进行的宗教、社会和教育改革，也促进了经济发展，增强了社会流动性。可以说，“开明专制”大大促进了捷克地区的经济现代化，使得捷克成为哈布斯堡帝国（此时哈布斯堡王朝囊括了从比利时到波斯尼亚，从意大利北部到西里西亚的辽阔区域）境内工业化程度最高的地区。随着大量人口涌入城市，捷克的城市化大大提高。1791 年，捷克在首都布拉格首次举办了展览会，这标志着捷克地区的工业化水平在当时已居于世界前列。

20 世纪初，捷克开始了第二次工业化，成为欧洲机器工业生产最发达国家之一。这一时期，捷克工业产量占奥匈帝国工业产量 60%以上。1910 年，捷克地区人口超过 1000 万，而从事农业的人口仅占三分之一。这就是说，捷克地区已经基本实现工业化。第一次世界大战之后，奥匈帝国解体，捷克与斯洛伐克合并为捷克斯洛伐克共和国，工业有了很大发展，军工业处于欧洲先进行列。第二次世界大战期间，捷克斯洛伐克被德国占领。随着反法西斯战争的胜利，苏联模式被带到了捷克斯洛伐克。

捷共按照苏联模式，大力强化计划经济体制。由于基础良好，自 1949 年开始的第一个五年计划期间，捷克斯洛伐克工业平均每年增长 14%，为战后经济恢复发挥了积极作用。然而，片面发展重工业，使得弊端渐渐显现。虽然进行了一系列改革，可是并没有从根本上触动苏联模式。

1956 年苏共二十大的召开，为东欧各国探索符合本国国情的社会主义道路揭开了序幕。波兹南事件和匈牙利事件的相继爆发，也触发了捷克斯洛伐克人民要求变革的强烈意愿。此时，苏联公开承认社会主义国家之间独立平等、互不侵犯等原则，尊重社会主义阵营各国探索适合本国国情的社会主义道路。鉴于形势的变化，捷共十一大提出高速度发展工业经济和合并中小农庄、建立大型农庄。1960 年开始的第三个五年计划期间，捷克斯洛伐克为了向共产主义过渡创造物质和文化基础，制定了一系列高指标，导致国民经济比例关系严重失调，工业发展速度下降，出现了日益严重的经济危机，社会矛盾越发尖锐，使得要求改革的呼声越来越高，“三五”计划被迫叫停。

随着杜布切克担任捷共中央第一书记，提出了“走捷克斯洛伐克的社会主义道路”，建设“具有人道主义面貌的社会主义”的口号，“布拉格之春”拉开帷幕。这是一次综合性改革，是要克服当时政治经济体制的弊端，冲破苏联模式的桎梏，摆脱苏联的束缚，探索符合捷克斯洛伐克国情的社会主义现代化道路。虽然人民群众以极大热情支持改革，然而却超出了苏联的底线，引起了苏联的不安。随着苏军占领捷克斯洛伐克，“布拉格之春”宣告失败。随后，捷克斯洛伐克恢复高度集中统一的计划经济管理体制，东欧社会主义国家的改革运动再次跌入低谷。20 世纪 80 年代，捷克斯洛伐克国民经济陷入困境，经济增长乏力，人民生活水平下降。长期的高压政策，也造成了人民与政府的对立。1985 年戈尔巴乔夫担任苏共中央总书记之后，默许东欧各国摆脱苏联模式，加之西方的“和平演变”战略，捷共最终失去了执政地位，捷克与斯洛伐克于 1990 年 1 月各自独立成两个平等的主权国家。

此后，捷克开始全面融入欧盟历史进程，以西北欧福利国家为模板，在市场经济框架建成之后，机械制造、纺织业、航空、化学等工业恢复发展，国民经济逐渐好转。

2. 波兰的现代化进程

波兰位于中欧东北部，探索独立自主的现代化之路并不平坦，荆棘丛生，艰难坎坷。

自 15 世纪晚期开始，当西欧在农业领域开始走向资本主义之时，波兰的农奴制卷土重来，枉顾历史发展潮流于不顾。波兰没有把握住中世纪末期的历史机遇，在需要以民族国家为载体推进现代化的历史性时刻，波兰封建贵族为了维护自己的特权，葬送了波兰的民族独立。

第一次世界大战结束后，波兰大量引入英美资本发展本国经济，工农业取得了较大发展，社会矛盾得以缓和。然而，20 世纪 30 年代初的资本主义经济大萧条却给波兰造成了重创。波兰政府于 1936 年开始实施“四年国家投资计划”，经济情况开始好转，然而第二次世界大战的爆发使得波兰的现代化进程再度被打断。

二战胜利后，苏联模式被证明确实有助于迅速医治波兰的战争创伤，至 1949 年 11 月 1 日，波兰战后恢复的三年计划提前两个月完成，文化和教育事业也迅猛发展。自 1951 年开始，在苏联模式的指导下，波兰国民经济出现了严重的不平衡，虽然采取一系列调整措施，效果仍不理想。1956 年的波兹南事件是波兰人民对于照搬苏联模式的第一次抗争。哥穆尔卡临危受命，重回领导岗位，开始进行改革，尊重价值规律，使经济规律为社会主义经济服务。此后的第一个五年计划期间，波兰的生产得到很大的发展，所提出的各项指标完成得比较好，人民生活水平也得到了显著提高。然而，随后两个五年计划期间却呈现明显下滑，经济社会危机无法避免。

哥穆尔卡的改革最终没有成功，其原因在于，虽然他意识到了苏联模式的弊端，但是却没法彻底摆脱。苏联模式是高度集中的经济政治体制，自下而上，层层递进，集权于顶层，经济发展成果依靠政治权力进行分配。哥穆尔卡的改革只是撬动了苏联模式的一角，只能暂时缓解或者迟滞危机的爆发，无法取得根本突破。结果就导致问题层层叠加，最终积重难返，失败成为必然。随后，波兰政府又尝试了若干次的改革，均以失败告终。苏联模式潜力枯竭，境况堪忧。波兰人民对政府失去了信心，各种罢工绵延起伏，而政府镇压罢工则遭到了西方集体制裁，波兰雪上加霜。

1989 年底，波兰统一工人党失去领导地位，波兰与苏联以及其他社会主义国家的结盟也从宪法中删除，作出了向市场经济转变的决议，新自由主义经济改革开启。在经济转轨过程中，波兰通过实行国有企业私有化，引进市场机制，改革财政，开辟资本市场，金融改革，税收改革等，使得通货膨胀率得到控制，经济快速回升。在所有东欧转型国家中，波兰是恢复最快的。然而，改革之初的波兰私有化进程仓促，使得私有化程度不均衡，加之政府完全退出经济领域，在市场逐利性诱导下，经济长远发展受到影响，支持改革的工人变为经济转型成本的最主要承担者，随即进行抗议。

20 世纪 90 年代初开始，波兰进入现代化进程的新阶段，社会民主主义在不触动私有制的前提下，尽可能为民谋福利。目前，波兰经济依然存在很多问题，例如虽然经济整体有所发展，但贫困率仍然较高，民众对政治信任度偏低，说明波兰的现代化建设仍然任重而道远。

苏联的现代化模式被概括为“赶超型发展”与“国家主导型发展”，实现赶超必须在国家的主导之下，许多第三世界国家的发展都是模仿这种模式，差别在于国家主导的范围和程度。二战后，苏联模式影响中欧和东亚的 12 个国家，世界三分之一的人口生活在苏联经济体制下，苏联据此获得了新的市场。与此同时经济落后的国家则从苏联得到了先进的技术（如中国），而对于经济基础较好的国家（如波兰、匈牙利、民主德国等）来说，他们认为苏联模式是强加给他们的，因此始终存在着不满，为后续事态的发展埋下了隐患。第三世界国家基于苏联模式也建立起了计划经济体制，成为替代西方资本主义现代化模式的一个可行的选择。然而，没有实事求是地结合本国具体国情去探索现代化路径，是导致这些国家现代化遭遇挫折的根本原因。

现代化是一个不断推进的过程，随着现代社会在西方走向成熟，现代化浪潮波及全球。由于世界现代化进程是从西方资本主义国家开始的，当今世界的发达国家也主要是欧美国家和深受西方文明影响的资本主义国家。这就给人们一种错觉，似乎现代化就是西方化、西方文明就是现代文明。然而现代化不是西方化，不是少数国家的“专利品”，也不是非此即彼的“单选题”，不能搞简单的千篇一律、“复制粘贴”。虽然欧美国家率先走向现代化，并非表明其他国家只能跟在后面亦步亦趋。二战结束后，亚非拉许多发展中国家照搬西方模式推进现代化，结果却事与愿违，纷纷陷入水土不服的发展困境。后发国家在追赶世界潮流的同时，不自觉地陷入“西化”与“民族化”、“希望加快发展”与“希望保持自身独立性”之间的矛盾。

事实证明，人类走向现代化并不是只有一条路，西方的现代化暴露出许多问题，并不能被奉为圭臬。中国式现代化的成功推进和拓展，打破了“现代化＝西方化”的迷思，展现了不同于西方现代化的新图景，“西方”的核心地位正在受到“非西方”的挑战，这也是世界现代化的历史逻辑。正如习近平指出：“世界上既不存在定于一尊的现代化模式，也不存在放之四海而皆准的现代化标准”。① 只有以中国式现代化实现中华民族伟大复兴，才是中华民族坚定不移的前进方向和奋斗目标。

三、主要发展中国家现代化道路探索

发展中国家，泛指与发达国家相对的在经济上比较落后的国家，又称开发中国家、欠发达国家，通常分布在亚洲、非洲、

① 《习近平著作选读》第二卷，人民出版社 2023 年版，第 367 页。

拉丁美洲及其他地区。从社会发展的角度透视，我们可以把发展中国家看作是一个世界历史范畴，它主要指的是十六世纪以来西方资本主义兴起过程中从属于西方工业世界的广大农业世界。在第二次世界大战以前，这些国家大多为西欧的殖民地或半殖民地，因此，它们的现代化进程往往伴随着民族独立的历史任务。发展中国家的现代化进程，是在以工业世界为中心的大变革浪潮中逐渐展开的，大致上是从拉丁美洲—东亚与南亚—西亚与北非—撒哈拉以南非洲逐步推进的①。

拉美国家是发展中国家现代化的先行者，它们的现代化模式充满了多样性，但又能体现出统一性。今天，拉美地区是指位于美国以南的美洲地区，包括巴西、墨西哥、秘鲁、阿根廷、智利、古巴、委内瑞拉、哥伦比亚等33个独立国家和若干个未独立地区。19世纪初，拉美人民掀起了摆脱西班牙和葡萄牙三百多年殖民奴役的独立运动，先后建立起17个独立国家，但由于政治上的混乱，以及英国新殖民主义的统治，使得拉美国家的独立革命并未带来现代化的起步。此时的英国，已经成为新兴资本主义工业世界的中心，并以其强大的经济力量吸附住拉丁美洲的广大地区，把它们作为热带作物、谷物、畜产品的新基地，整合进了新的大西洋经济体。直到19世纪七八十年代，政治上寡头威权主义短暂地结束了混乱时期，并在欧洲第二次工业革命的影响下，少数拉美国家才开始进入现代化的启动阶

① 参见罗荣渠：《现代化新论：世界与中国的现代化进程》，商务印书馆2004年版，第188—197页。

段，尽管在经济上带有依附性特征，但经济增长、体制改革、人口快速增长等现代化因素都已相继出现。例如，纵观巴西现代化 120 多年的历史进程，其中一个基本特征就是巴西现代化的启动与“咖啡经济”“咖啡政治”以及“以咖啡为主的初级产品出口导向发展战略”密切相关。巴西初级产品出口导向发展战略虽然取得了一定成效，但远未达到预期目标，它仍然是一种依附性现代化。初级产品的生产需求严重依赖国外技术和资金，销售需要严重依赖国际市场和价格。因此，它的兴衰将取决于外部条件的优劣。

到了 20 世纪 30 年代，资本主义经济危机削弱了“中心”对“边缘”的控制，拉美国家得以摆脱传统的增长模式，开始试行激进主义的进口替代发展战略，即从以扩大初级产品出口为基础的外向发展模式转向以增加本国工业生产为基础的内向发展模式，进而通过进口替代实现工业化，以此增强现代化的自主能力。1950 年前后，主要拉美国家的轻工业产品已能基本自给，并初步建立了本国的钢铁工业和石油工业。但是，随着进口替代发展战略的深入，问题与矛盾日益突显，甚至出现了经济停滞和社会动荡的局面。60 年代中期，主要拉美国家政治上由文人政府过渡到军人威权主义政府，经济上修正了全面进口替代战略，将进口替代与出口导向相结合，有力地推动了现代化的快速发展。据统计，1963－1973 年拉美地区经济平均年增长率达到 6.5%，其中工业产值年平均增长率高达 8.1%①。另据拉

① 苏振兴：《拉丁美洲的经济发展》，经济管理出版社 2000 年版，第 75 页。

美经委会的一项统计资料，拉美地区在 1975 年达到人均 GDP 1138 美元，1980 年更是达到了 2326 美元[①]。但好景不长，拉美地区在 80 年代爆发了严重的债务危机，整个拉美地区所欠债务高达 36000 亿美元，债务利息每年增加 3700 亿美元[②]。整个 80 年代，拉美地区经济仅增长了 1.2%，而人均国内生产总值的年平均增长率则是负增长，因此这一时期也被人们称为“失去的十年”。

经过债务危机，拉美国家意识到进口替代战略的弊端，纷纷进行战略调整，开始朝着私有化、贸易自由化和市场化方向发展。其中，墨西哥政府的经济改革最具代表性，包括贸易自由化改革、国有企业改革、外资政策调整、税制改革等。到 20 世纪 90 年代，随着债务危机的缓解和经济改革的全面展开，外资重新流入拉美地区，并带来了较为强劲的恢复性增长，但紧随着的 1994 年墨西哥金融危机、1999 年巴西金融危机和 2001 年阿根廷金融危机，导致该地区经济出现了三轮滑坡，其结果是 1998—2000 年拉美地区经济年平均增长 1.2%，低于人口增长率。除了原有的社会问题，如失业问题、贫富悬殊问题、外债问题、通货膨胀问题等依然没有得到有效解决外，拉美国家又滋生出环境破坏严重、金融风险加大等许多新问题。进入 21

---

① 拉美经委会：《1984 年拉美和加勒比统计年报》，第 229 页。转引自江时学等主编：《2004—2005 年：拉丁美洲和加勒比发展报告》，社会科学文献出版社 2005 年版，第 218—219 页。

② Howard J. Wiarda: Latin America at the Crossroads: Debe, Development, and the Future. U. S. A: Westview Press, 1987, P25.

世纪，面对全球化迅猛推进和国际格局深刻变化，绝大多数拉美国家对自身发展模式进行了深入反思，并努力探索适合国情的发展道路。经过 20 年的调整与改革，拉美国家在政治、经济、社会和外交领域均发生了深刻变化，大大推进了现代化进程，成为发展中国家和地区现代化程度较高的区域。在取得现代化建设成就的同时，拉美国家也面临着不少现代化陷阱。未来几十年，将是考验拉美国家能否妥善应对现代化挑战、全面实现现代化的关键时期。

拉丁美洲是现代化的“实验室”，由于它是发展中国家中唯一一个经历了自由主义、发展主义和新自由主义三种现代化战略，实行了初级产品出口、进口替代工业化和新的出口导向三种发展模式的地区，所以世界上没有其他地方能够像拉美一样为世界提供各种样板和镜鉴，它的经验教训越来越引起发展中国家的广泛关注。例如，当中国人均 GDP 在 2004 年超过 1000 美元时，“拉美现象”成为时人探讨的热点问题。所谓的“拉美现象”，是指拉美国家在人均 GDP 达到 1000 美元之后经济和社会发展中出现的种种问题，如贫富两极分化、城乡差距拉大、政府权力腐败、金融危机化等，导致经济社会发展长期停滞不前，甚至引发社会动荡和倒退。虽然“拉美现象”有着特定的时空规定性，不太可能在其他发展中国家原封不动地重演，但其在实现现代化过程中所出现的问题仍应引起人们的重视。因为，“发展中国家面临着类似的实现现代化的任务，在完成这一任务的过程中，都面临着对外要处理好与中心国家的关系、对内要协调好各种利益集团关系和正确解决化解各种矛盾的挑战，都要经历社会经济发展的转型时期。”① 事实上，在拉美国家现代化的经验教训基础上产生的诸多理论，如二元结构理论、拉美的发展主义理论（中心—外围论、贸易条件恶化论、工业化论）、依附理论、威权主义理论、亨廷顿的政治变迁理论等，都已经成为目前世界各国高校发展经济学、发展政治学、发展社会学教科书中的重要内容，对人们理解发展中国家的经济发展和政治发展进程、正确选择发展战略和政策正在发挥着重要的指导作用。

稍晚于拉丁美洲卷入世界工业化浪潮的区域是东亚—南亚地区（此处东亚泛指东亚、东南亚广大地区）。这个地区以两大东方古典文明——儒教文明与佛教—印度教文明——著称于世。在前现代时期，该地区的经济发展和科学技术长期领先于欧洲。其中，东亚朝贡贸易体系更是涵盖了广袤的东亚大陆和海上区域，包括中国、朝鲜半岛、日本、琉球、安南（越南）、真腊（柬埔寨）、暹罗（泰国）、今日马来半岛的满剌加、印度尼西亚的爪哇、菲律宾的苏禄群岛等，形成了一种内外共同发展的现象。直到 19 世纪上半叶的工业革命，才从根本上改变了东西方之间的力量对比，东亚—南亚诸国成为西方的殖民地或半殖民地，被迫纳入英国霸权下的世界经济体系，长期充当着发达国家所需原料供给国的角色。第二次世界大战后，中国大陆选择社会主义现代化道路，重新崛起为世界大国。东亚其他发展中

① 钱乘旦主编：《世界现代化历程·拉美卷》，江苏人民出版社 2015 年版，第 39 页。

国家（主要是以文莱、柬埔寨、印度尼西亚、老挝、马来西亚、菲律宾、泰国、缅甸、越南等为代表的东盟国家），为了改变殖民地时期的畸形经济结构，从 20 世纪 60 年代始相继实施了“工业替代出口和面向出口的发展战略”，有效地利用了西方发达国家第一次产业结构调整时转让过来的资金、技术和设备，把替代工业推向了一个更高层次的发展阶段。进入 70 年代后，各国又不失时机地调整了工业化发展的方向与战略，从发展进口替代工业化转向发展面向出口工业化阶段，极大地推进了国民经济工业化的进程。

与此对比，南亚各国的现代化进程相对缓慢，由于长期奉行内向发展战略，多数国家至今没有摆脱落后的农业国状态。一般认为，印度现代化最早起步于英国殖民占领时期，但严格说来，真正意义上的现代化只能从获得国家独立之后才能开始。正如马克思在《不列颠在印度统治的未来后果》一文中所指出的，虽然英国在印度扮演了不自觉的“建设性的使命”，但“在大不列颠本国现在的统治阶级还没有被工业无产阶级取代以前，或者在印度人自己还没有强大到能够完全摆脱英国的枷锁以前，印度人是不会收获到不列颠资产阶级在他们中间播下的新的社会因素所结的果实的”。[①] 1947 年，印度摆脱了英国百年的殖民统治，成为一个主权独立的现代民族国家。印度独立后，首任总理尼赫鲁主导建立了一种资本主义经济和社会主义经济相结合的混合经济模式，帮助印度建立起了比较完备的国民经济体

① 《马克思恩格斯选集》第一卷，人民出版社 2012 年版，第 861 页。

系，但总的来说发展比较缓慢，而且积累了很多弊病，诸如经济结构不平衡、国家对经济干预过多等。1991 年后，拉奥政府实行改革开放政策，致力于建立一个“成熟的市场经济体系”，“由计划经济向自由经济转变，由国有经济向私有经济转变，由内向经济向外向经济转变”①。近年来，印度在经济、政治、文化、社会等诸多领域已经取得了阶段性成功，但同时面临着不少制约因素，如人口负担沉重、国民素质较低、传统文化束缚、产业结构不平衡、贫富两极分化严重等。

再次是西亚、北非地区（也称中东地区），地处欧亚非三洲的交接地带，因而较早地接触到西方现代化，但其变革的速度与规模却低于东亚—南亚地区。第一次世界大战后，中东（这是一个欧洲中心主义的概念，依据距离欧洲的远近，欧洲依次将其称之为近东、中东、远东）地区诞生了第一批独立的或形式上独立的民族国家，包括土耳其、伊朗、阿富汗、沙特阿拉伯和埃及等国。土耳其获得独立后，率先实施了以政教分离为主要内容的民族化和世俗化改革，对政治、经济、法律、文化教育、风俗习惯等诸多领域进行系统性改造，确保了其沿着民族化、世俗化和现代化的道路发展。伊朗和阿富汗紧随土耳其之后，分别在各自国家进行了类似变革。随后，土耳其经历了曲折崎岖的现代化路程，最终将经济模式从国家主义转向自由主义，工业发展模式则从进口替代型转变为外向型。20 世纪 80

① 钱乘旦主编：《世界现代化历程·南亚卷》，江苏人民出版社 2015 年版，第 7 页。

年代以来，土耳其经济形势明显好转，主要工业部门都得到良好发展，钢铁、纺织品成为土耳其的支柱产业，并在出口中占有重要地位。但土耳其经济发展中的一些老问题并没有彻底解决，如通货膨胀、预算赤字、失业率等依然严重。其他国家则在阿拉伯民族主义的旗帜下，经历着从传统到现代的异常缓慢的变革。虽然以石油能源为特征的新工业革命，使得那些拥有丰富资源的产油国，一跃而居中等收入国家水平；更有甚者，如科威特、卡塔尔、沙特阿拉伯、阿联酋的人均财富甚至可与美国一比高低，但它们基本上保持着原有的社会政治结构，仍处于现代化初级阶段。

最晚被卷入世界工业化大潮的是撒哈拉以南的非洲地区。可以说，非洲是最早为世界现代化进程作出贡献的大陆，长达400多年的奴隶贸易为欧洲和北美工业现代化的迅速发展提供了重要的物质条件，然而它也是现代化进程严重滞后的地区。从现代化道路的选择来看，埃塞俄比亚、马达加斯加、摩洛哥、突尼斯等国家早在19世纪即已开始现代化的初期探索，但主要停留在器物和制度层面而鲜有涉及传统思想文化；几内亚、坦桑尼亚等国家独立后标榜走“非资本主义道路”，但经济发展并不理想；尼日利亚、加蓬等国家依靠丰富的石油或其他矿产资源取得经济高速增长，但人民却未能普遍享受国家发展成果；毛里求斯实行“出口导向驱动型的现代化”，走上比较富裕的道路；科特迪瓦实行“农业资源驱动型的现代化”，使得经济在独立后20年得到较为快速的发展；南非实行“矿产驱动资源型的现代化”，取得历史性突破，被世界银行列为中上等收入国家，但长期种族隔离制度造成的二元社会经济结构，巨大的贫富差距仍是南非社会发展面临的挑战。[①] 从现代发展的程度看，根据美国智库布鲁克林研究所 2008 年发表的名为《发展中国家的国家贫弱指数》报告，在发展中国家的 28 个“极端贫弱”的国家中，有 23 个国家在撒哈拉以南非洲。总体来看，在这里实现现代化的第一步，是如何实现从原始农业向现代农业的飞跃，从村社或部族国家向现代国家的飞跃。这在该地区大概还需要经历一个相当漫长的过程。

实现国家现代化，是目前大部分发展中国家正在经历的一个历史进程。相较于西欧国家的内源性现代化，发展中国家的外源性现代化面临着更加复杂、更加多变、更加充满不确定性的社会历史条件。回溯发展中国家的现代化进程，我们可以清晰地看到，传统与现代、内因与外因、经济因素与非经济因素这三组矛盾，在各国现代化进程中都产生出了正负两方面的效应。例如，伊斯兰教的固有特征以及中东社会古老文化传统对民众根深蒂固的影响，必将使得中东国家的现代化进程一直处于宗教与世俗、传统与现代的碰撞和融汇之中，造成中东国家面临的挑战远远大于其可供选择和利用的机遇。再如，部分发展中国家依靠威权主义推动现代化变革，虽然取得很大成绩，但这种组织力量的过分强大与膨胀，又可能成为实现现代化的阻力。也正因如此，绝大部分发展中国家探索现代化道路的历

---

① 钱乘旦主编：《世界现代化历程・非洲卷》，江苏人民出版社 2015 年版，第 36 页。

程充满艰辛，既有阶段性的经济腾飞，也有难以预料的停滞倒退。整体而言，发展中国家所取得的现代化成果偏少，经验教训更多，虽不乏卓有成效的改革，但能否走通并全面实现现代化还有待实践和时间的检验。

四、世界现代化的共同特征

从历史实践的角度来看，现代化虽然肇始于西方，却不等于西方化。换言之，现代化并非西方国家的独角戏，而是一个世界性的历史现象。“现代化是人类文明的一种深刻变化，是遍及世界各地的全球性、系统性、革命性、持续性的从传统到现代的物质、结构、观念的革新与转型。”① 正如韦伯学派社会学家莱因哈特·本迪克斯在《国际视野中的现代化》一书中所提出的：“对于现代化，我理解是源于英国工业革命和法国政治大革命的一种社会变迁模式。它存在于一些领先发展的社会的经济进步与政治进步之中，也存在于后来者的追随于前者的转变过程之中。”② 事实也的确如此。在过去的几百年中，世界各地有先有后、或多或少地发生着类似的变化，变化的方向一样，变化的结果也基本雷同。这说明，作为人类社会发展的世界性潮流，现代化有其内在的普遍性规律，它既有世界各国现代化发展的特殊性和各国特色，又有世界各国现代化发展的普遍性

---

① 周文、白佶：《中国式现代化的共同特征与中国特色》，《教学与研究》2023 年第 9 期。

② 单世联：《从现代化到全球化》，《粤港信息时报》2001 年 1 月 1 日。

和共同特征。

首先，现代化进程是社会系统的全面深刻变革，它不仅包括经济领域的工业化，还包括由于经济领域深刻变革所必然带来的政治领域的民主化、文化领域的理性化、社会领域的法治化、生活领域的城市化以及生态领域的绿色化等。对此，著名历史学家罗荣渠在《现代化新论》中指出："从历史的角度来透视，广义而言，现代化作为一个世界性的历史进程，是指人类社会从工业革命以来所经历的一场急剧变革，这一变革以工业化为推动力，导致传统的农业社会向现代工业社会的全球性的大转变过程，它使工业主义渗透到经济、政治、文化、思想各个领域，引起深刻的相应变化"。[①] 也正是在这个意义上，现代化实质上就是工业化，因为它揭示了现代社会变迁的动力、特征和进程。可以说，今天所有在经济上处于欠发达或开发不足的国家都共同致力于工业化的目标，把它作为根本改变国家面貌和国际地位的战略性举措。在历史上，第一次现代化浪潮（18 世纪下半叶到 19 世纪中期）主要是由以蒸汽机的广泛使用为标志的第一次工业革命推动的；第二次现代化浪潮（19 世纪下半叶到 20 世纪初）主要是由以电气化为标志的第二次工业革命推动的；第三次现代化浪潮（20 世纪中叶至今）主要是由以信息技术、空间技术、核能技术为标志的第三次工业革命推动的。在这三次现代化浪潮中，经济领域的变革为其他领域的发

---

① 罗荣渠：《现代化新论：世界与中国的现代化进程》，商务印书馆 2004 年版，第 17 页。

展奠定基础，带来政治上的民主化、思想上的科学化和社会生活的文明化；反之，其他领域的变革愈来愈影响着经济领域变革的深度与广度。总之，现代化过程涵盖了经济、政治、文化、社会等多方面内容，是社会系统从低级到高级的突破性变革过程。

其次，现代化进程以市场配置资源为基本方式，以政府的宏观调控为必要手段。如何处理好政府与市场的关系，是世界各国在推行经济体制改革时所必须要解决的核心问题。政府与市场是配置资源的两种基本力量，而世界现代化的历史进程便是二者的角力场。17 世纪下半叶到 19 世纪中叶，形成了以英国为代表的市场经济模式，奉行自由放任的经济政策，主张自主经营、自由竞争与自由贸易。但是，在资本主义生产方式的社会中，市场配置资源有其固有的局限性。正如马克思所说的："商品生产者及其生产资料在社会不同劳动部门中的分配上，偶然性和任意性发挥着自己的杂乱无章的作用。"① 1929—1933 年世界经济危机爆发，自由放任的经济政策出现"市场失灵"。在此背景下，凯恩斯提出了国家干预的经济政策，强调宏观经济政策对市场的干预、调控和指导。许多深陷泥潭的发达国家，纷纷开启国家干预经济模式，对资本主义生产关系进行局部调整，其中尤以"罗斯福新政"最具代表性。这一时期，恰逢现代化潮流席卷全球，大批获得民族独立的国家积极制定国家发展战略，依靠政府的力量自上而下地推动本国的现代化进程。

---

① 《马克思恩格斯文集》第五卷，人民出版社 2009 年版，第 412 页。

到了 20 世纪 80 年代，随着政府职能的扩张与政府规模的扩大，政府开支急剧膨胀，财政赤字愈发严重，部分地区甚至出现了严重的债务危机，阻滞了现代化的发展进程。此时，批评政府对市场进行过多干预和管制的新自由主义思想开始盛行，政府在配置资源方面上的主导地位再次让位于市场。目前，人们对于政府与市场的关系已经有了更加深入的认识，一些发展中国家开始着手建立现代市场经济体制，旨在既要发挥好市场在资源配置中的决定性作用，又要发挥好政府的宏观经济治理能力。

最后，现代化发展是开放型经济体的发展，以深度参与全球化为必要途径。发端于英国的工业革命掀起了第一次现代化浪潮，并由此开拓了世界市场，从而使一切国家的生产和消费都成为世界性的了，历史也就成为了世界历史——“过去那种地方的和民族的自给自足和闭关自守状态，被各民族的各方面的互相往来和各方面的互相依赖所代替了。物质的生产是如此，精神的生产也是如此。各民族的精神产品成了公共的财产。民族的片面性和局限性日益成为不可能，于是由许多种民族的和地方的文学形成了一种世界的文学。”① 回溯世界现代化的历史进程，可以看到，各国现代化的启动与发展均离不开全球化所提供的机遇与条件。当前，虽然西方国家开始出现明显的逆全球化思潮，但是全球化的世界历史发展趋势并不会因此而逆转。越来越多的国家已经认识到，创造经济奇迹的东亚之所以没有出现“拉美现象”，就在于东亚走出了一条出口导向的工业化道

---

① 《马克思恩格斯选集》第一卷，人民出版社 2012 年版，第 404 页。

路，在深度参与全球化的过程中推动了全球产业链、工业链的布局。20 世纪 90 年代后，面对经济全球化的挑战，拉美国家并没有讳疾忌医，而是从进口替代工业化模式转向新型出口导向模式，并提出了“开放的地区主义”的新战略。显然，它们的视野超越了它们的地区，看到了融入全球化的必要性。再如，印度经济之所以能够在近年取得显著成就，是因为印度政府对原先实行的计划经济按照市场经济的规律进行了一系列改革。其中，一项重要改革内容，便是改变南亚国家长期奉行的内向发展战略，由内向经济转向外向经济。开放性、全球化是现代化的本质特征，任何国家想要实现现代化，就必须要在不断融入世界市场和主动参与国际交往中吸收可资利用的资金、技术、经验等资源，努力成为全球化的受益者和推动者。

世界现代化的历史进程表明，现代化不等于“西方化”，“西方模式”更不是现代化的唯一模式。事实上，到目前为止，照搬照抄西方现代化模式的发展中国家几乎无一获得成功。究其原因，一是今天发展中国家面临的客观条件和当年发达国家面临的客观条件已经完全不同。譬如，资本积累是实现工业化的必要条件，当年发达国家主要依靠殖民掠夺来获得资本的原始积累，而今天发展中国家已经完全不可能再重复这一血腥罪恶的过程了。二是国情差异所导致的“南橘北枳”现象。由矛盾的普遍性与特殊性之间的辩证关系可知，世界现代化的普遍性规律，在各个国家究竟是以什么样的方式和形式得以具体实现，则是由不同国家的实际情况所决定的。在现实生活中，构成一个国家发展的环境和条件是多种多样的，既有历史环境条件与现实环境条件，又有国内环境条件与国际环境条件，还有自然环境条件与社会环境条件，正是各种环境条件的交织及其相互作用，塑造了一个国家在一定历史时期的独特发展方式和道路。因此，现代化不是单选题，“历史条件的多样性，决定了各国选择发展道路的多样性”①。世界现代化的历史进程已经从正反两个方面说明了这样一个道理，发展中国家要想实现现代化，就必须打破“现代化＝西方化”的迷思，以创造新的历史的勇气和智慧，独立自主地探索出一条适合本国国情的现代化新路，并以此来装点世界现代化的满园春色。毕竟，文明多姿多彩，发展道路多元多样，这才是世界应有的样子。

随着时代的发展，现代化不断被赋予新的内涵，从最初的“工业化”到如今的“现代化”，从争相模仿的“西方化”到创造人类文明新形态的“中国式现代化”，人们对于现代化的理解亦在批判中得以丰富和发展。例如，在西方国家实现现代化的过程中，生态问题并未引起太多关注，但现今却成为衡量国家发展质量的重要指标。现代化是人类社会发展的一种文明进步，表现在经济、政治、文化、社会、生态等各个领域向着一种带有普遍性特征的进步范式的转变，其本质和核心是向着人的发展进步的范式转变——从“以物的依赖性为基础的人的独立性”阶段走向“建立在个人全面发展和他们共同的、社会的生产能力成为从属于他们的社会财富这一基础上的自由个性”② 阶段。

① 《习近平著作选读》第一卷，人民出版社 2023 年版，第 214 页。
② 《马克思恩格斯文集》第八卷，人民出版社 2009 年版，第 52 页。

这意味着，现代化的本质是人的现代化①。正如习近平在中国共产党与世界政党高层对话会上所强调的那样，“现代化的最终目标是实现人自由而全面的发展”②。作为各国现代化的领导力量，政党要锚定人民对美好生活的向往，将满足人的多层次需求、促进人的自由全面发展作为衡量现代化水平的根本价值尺度和现代化的最终归宿，努力实现物质富裕、政治清明、精神富足、社会安定、生态宜人，实现人类从必然王国向自由王国的飞跃。

---

① 《习近平关于城市工作论述摘编》，中央文献出版社 2023 年版，第 98 页。

② 习近平：《携手同行现代化之路——在中国共产党与世界政党高层对话会上的主旨讲话》，人民出版社 2023 年版，第 2 页。

第三章　中国现代化的早期探索

从现代化的理论维度来看，为振兴中国而进行的各种政治、经济、文化运动，都可统称为探索中国现代化道路的运动。中国现代化的早期探索，既不是由单向的“内因”生成，也不是由简单的“外因”引起，更不是“内因”与“外因”相互对立的直线运动，而是错综复杂、多线性的矛盾运动①。在中国漫长的封建历程中，形成了一种中国式的“历史周期率”，每一王朝都经历兴盛与衰落，经济的增长、文化的繁荣、技术的进步都在朝代的更迭中缓慢前进。1840 年，鸦片战争的硝烟打破了中国长期以来的宁静，古老的东方大国被迫卷入世界现代化的浪潮之中。对概念进行溯源，英文的 Modernization 和日文汉译的“近代化”，用汉语表达就是“现代化”。中国从封闭走向开放，从传统迈向革新，面对“三千年未有之变局”，无数仁人志士进行艰辛探索，从器物到制度，再到革命，再到文化，探索层层递进、步步加深。一系列救国探索，展现出中国向西方学习的不同阶梯，展现出不同风格的理论创建与价值追求。当然，由

---

① 罗荣渠：《现代化新论：中国的现代化之路》，华东师范大学出版社 2013 年版，第 197 页。

于历史的、社会的、阶级的等多重原因，这些现代化方案都存在缺陷与不足，更没有使中国实现现代化。

一、中国现代化早期探索的内生性与外源性

中国现代化的早期探索，不是一个单向的历史过程，既不是依照中国传统自发生长出来的巨大变革，也不是西方挑战引起的简单回应，而是内部发展与外部挑战相互结合的复杂的互动过程。

（一）中国现代化早期探索的内生性

内生性，通常指的是事物从内部产生、发展的特性和力量。在中国早期现代化进程中，内生性因素起到了关键作用。中国传统思想文化潜藏着社会变革的内在动力，封建制度下生长起来的商品经济催生了资本主义的发展，市民阶层的兴起为社会转型提供了潜在可能。中国封建制度根深蒂固，尽管中国传统社会本身蕴含着许多现代化因素，但真正的现代化转型也面临着诸多挑战。

1. 传统文化的内在变革动力

中华文明博大精深、源远流长，孕育着现代文明。在文化思想领域，早在远古时期，华夏大地就孕育出了如仰韶文化、龙山文化等众多史前文明，为后续的发展奠定基础。历经夏商周三代，逐渐形成了较为完备的政治、礼仪制度，规范着社会秩序和道德伦理。到了春秋战国，儒家、道家、法家等诸子百家交相辉映，形成百家争鸣的思想局面。儒家倡导“仁政”、

"修身齐家治国平天下"，重视个人品德修养，将个人发展与国家进步紧密相连；道家倡导"天人合一"、"顺其自然"，将人、社会与自然有机统一，提醒人们要尊重自然、顺应自然；墨家倡导"兼爱"、"非攻"，重视社会公平和谐；法家强调"以法为本"、"因时变法"，主张法律面前人人平等，并且要根据时代的变化变革完善法令，等等。明朝中后期，由于政治腐败、社会矛盾尖锐，内有农民起义，外有异族入侵，内忧外患促使思想界倡导经世致用，掀起一股以顾炎武、黄宗羲、王夫之为代表的"崇实黜虚"思潮。黄宗羲批判封建君主专制制度，提出"天下为主君为客"的民主思想；顾炎武主张"天下兴亡，匹夫有责"，关注社会现实问题。这些传统文化在诸多方面孕育了现代文明，为现代社会的发展提供了坚实的根基和丰富的滋养。

在科学技术领域，中国传统社会同样成绩斐然。中国古代四大发明——造纸术、印刷术、火药、指南针，不仅促进了中国传统社会生产方式和交往方式的变革，而且对世界文明发展进程起到了极其深远的推动作用。马克思高度评价了中国古代四大发明，他在《机械、自然力和科学的作用》中指出："火药、指南针、印刷术——这是预告资产阶级社会到来的三大发明。火药把骑士阶层炸得粉碎，指南针打开了世界市场并建立了殖民地，而印刷术则变成新教的工具，总的来说变成科学复兴的手段，变成对精神发展创造必要前提的最强大的杠杆。"①造纸术让知识的记录更为便捷，印刷术大大提高了书籍的印制

① 《马克思恩格斯全集》第三十七卷，人民出版社 2019 年版，第 50 页。

效率，促进了文化的广泛传播，推动了欧洲文艺复兴和思想启蒙；火药推动了军事变革，让骑士阶层的军事优势不再，加速了欧洲封建制度的瓦解；指南针为欧洲航海家保驾护航，新航线的开辟使环球大航行成为可能，同时打开了世界市场，促进资本主义的发展。此外，在天文历法、医学、数学等诸多方面，中国也都有着领先当时世界的成果。这些科技成果为现代化提供科技支撑，推动着中国封建社会向现代社会缓慢前进。

2. 封建经济发展的推动因素

从经济角度看，中国封建社会具备手工业和商业发展的基础。手工业方面，明清时期江南地区的丝织业、棉纺织业高度发达，不仅供应国内市场，而且远销海外。这种高度发达的手工业如果持续发展，按照正常工业发展的逻辑，就会促使中国出现生产方式的变革，使中国发生工业革命，向现代生产方式转变。商业方面，明清时期的晋商、徽商以及浙商、闽商、粤商等商帮形成。特别是晋商，作为明清时期商帮的代表，是中国封建社会商业高度发达的象征之一。晋商的票号网络遍布全国各大城市，如日升昌票号是中国第一家专营汇兑、兼营存放白银业务的私人金融机构，它的出现方便了商人之间的资金往来，促进了商业的发展，并对中国金融史产生了深远的影响。晋商还积极开展对外贸易，通过茶马古道将中国的茶叶运往俄罗斯等国，在国际贸易中占据一席之地。同时，伴随着商业的发展，商人地位有所提升，开始寻求政治上的影响力和社会地位的认可，这为资本主义的发展提供了一定的资金积累和社会基础。

3. 社会结构变化的潜在可能

中国传统社会以农业和封建经济为主，但随着商品经济的发展，它也在悄然发生变化。随着城市经济的繁荣，市民阶层逐渐壮大，他们有着不同于传统农民和士大夫的经济利益和思想观念，对社会政治和经济秩序提出新的要求，推动社会向多元化、商业化的方向发展。在一些城市，出现了市民文化，如小说、戏曲等，反映着当时社会经济生活的变化和新兴的商业意识。清朝晚期，随着外来思想的传入，传统士绅开始接触西方的思想和文化，他们中的一部分人逐渐认识到传统社会的弊端，开始倡导改革和创新。例如，张謇等士绅投身于实业救国，创办工厂、学校等，推动了经济和教育的发展，他们的行为和观念的转变为社会现代化转型提供了潜在可能。

尽管古代中国创造了辉煌的物质文明和精神文明，并早于西方出现某些新的发展趋向，但是这些变化都未能形成一种新的发展定势，没有形成足够的力量从封建社会内部冲破坚硬的传统外壳，因而没有使中国率先走上现代化道路。究其原因：

第一，中国传统政治结构具有超稳定性。自秦朝起，中国就形成了封建君主制的统一发展格局，逐渐形成高度一元化的“巨型帝国”式的由皇帝、文治官僚系统、乡土社会构成的金字塔结构。金字塔的顶端是高度集中的绝对皇权，尽管封建王朝经历了多次朝代更迭，但始终都在维护封建皇权。特别是明清以来，中央集权更是变本加厉，将金字塔的顶端越削越尖。金字塔的中层是由国家俸禄供养的庞大官僚系统，他们主要由通过科举考试选拔出的儒学知识分子组成。通过科举选拔出来的官员，对皇权有着较强的依附性。他们的仕途命运取决于皇帝的赏识和任用，因此会更加忠诚地为皇权服务，成为维护封建统治的重要力量。金字塔的底端是具有一定自主性和自由度的乡土社会，它以家庭为单位，自给自足的自然经济是其基本模式，儒家思想中的等级观念、人伦道德深深融入乡土社会的价值观和行为规范中，形成中国传统政治结构的超稳定底盘。

第二，中国传统经济结构具有封闭性。中国传统经济是以小农生产方式为核心的自然经济为主导，其最大特点是生产量小、消费量小，主要为了满足家庭的基本生活需求。小农生产与手工业紧密结合，手工业的生产规模较小，资金有限，市场需求相对稳定，缺乏向外部市场拓展的动力和能力。随着农具的逐渐改进和耕种技术的提升，一直到清朝末年，我国农业一直具有潜在的经济剩余。但是，农业经济剩余没有转为商业资本，而是继续在农业社会循环。首先是因为中国历代政府大都采取轻田赋的财政方针，没有增殖国富的概念。明代田赋供给政府的粮食只占粮食总产量的10%左右。到18世纪中叶，田赋所占粮食总产量份额大约只有5%—6%①。后来由于战争耗费和巨额赔款，清政府采取增加田赋的政策，但积贫积弱的国内时局使得增加的田赋不可能用于国家增殖。另外，拥有全国大部

① 铂金斯：《中国农业的发展，1368—1968年》，上海译文出版社1984年版，第229页。

分土地的地主阶级将土地视为唯一财富，宁肯购买土地、放高利贷，也不愿意投资于具有一定风险的工商业，这从根本上束缚了中国工业化的启动。虽然封建社会中已经滋长了资本主义的萌芽，特别是到了唐宋时期，中国的经济发展达到世界先进水平，在农业、手工业、商业等方面都取得了显著成就。但是，受传统重农抑商政策的影响以及封建官府的闭关锁国，中国的商业资本不像西方那样可以以城市为中心独立经营，而是依附于农业——地主经济，处在封建官府的卵翼与控制下，发展极其有限。

第三，中国传统文化体制具有排外性。在中国传统文化体制中，科举考试曾对社会阶层的流动发挥了很大作用。在科举考试中，不论出身贵贱、家庭贫富，只要有一定的学识和才能，都可以通过科举考试打破原有阶层。但是，科举考试的内容主要是儒家经典和文学知识，儒家思想中虽然包含着许多先进因素，但其强调华夏中心主义，这种观念使得传统知识分子和统治阶层在心理上对外部文化有着强烈的优越感。此外，中国传统价值观非常重视家族伦理，强调尊卑有序，这些思想固化了社会秩序和人们的思维模式，以至于当外来文化与传统价值观发生冲突时，就会遭到抵制。特别是清王朝时期，政府厉行思想钳制和文字狱，通过把科举考试进一步制度化，精心培植了一个总数达 100 万计（19 世纪前期）的儒学知识分子精英集团阶层，构成支持皇朝秩序的牢固的社会支柱①。长期以来，皇权

① 罗荣渠：《现代化新论：中国的现代化之路》，华东师范大学出版社 2013 年版，第 227—228 页。

不断被巩固，人们的思维模式不断固化，知识分子的视野被局限在传统的中国文化和思想体系之中，对于来自西方的自然科学、哲学以及工业文明带来的先进生产工具、武器装备往往视而不见，导致中国逐渐落后于世界现代化的大潮。

（二）中国现代化早期探索的外源性

中国走上现代社会的大变革离不开外力的推动。鸦片战争打破了中国“闭关自守、与文明世界隔绝的状态”①，此后中国被卷入现代资本主义文明中，被迫进入了世界历史的整体进程。在这样的世界文明格局中，西方因强盛而霸道和中国因贫弱而挨打，形成鲜明对照。为了救亡图存，中国开始向西方学习，走西方现代化道路。马克思指出，被压迫民族只有强大到能够完全摆脱殖民主义者的枷锁之后，才能收到“新的社会因素所结的果实”②。在中国现代化的早期探索中，反对西方侵略、救亡图存是现代化的出发点和主要动力之一。因此，中国现代化的早期探索是“外源性”的。

1. 两次鸦片战争的失败推动洋务运动兴起

19 世纪 60 年代兴起的洋务运动，拉开了创建现代工商业的序幕，这是“近代化一小步”③，也是中国现代化的起步。“自强

---

① 《马克思恩格斯选集》第一卷，人民出版社 2012 年版，第 779 页。

② 《马克思恩格斯选集》第一卷，人民出版社 2012 年版，第 861 页。

③ 陈旭麓：《中国近代社会的新陈代谢》，《陈旭麓文集》第二卷，上海教育出版社 2018 年版，第 226 页。

求富”成为这一时期中国现代化追求的重要目标。

第一次鸦片战争后，许多开明官员就已经开始谋划如何实现“自强求富”这一目标，并进行了中国早期现代化的初步探索。身处反抗外来侵略的第一线的林则徐，深刻感受到清朝武器装备的落后。他不拘成见，提出建设新式海军，效仿西方战船，迈出“师夷长技”的第一步。他还组织翻译班子，把外国人讲述中国的言论翻译成《华事夷言》，供清政府参考；组织翻译英国人的《世界地理大全》，编为《四洲志》，介绍西方地理、历史、政治知识。因此，林则徐被称赞为“睁眼看世界的第一人”①。后来林则徐被贬新疆，仍不忘国之大事，将《四洲志》赠予老友魏源，嘱其撰写《海国图志》。魏源不负嘱托，第一次鸦片战争期间他目睹了中英军事力量的差距，战争结束后他根据所见所闻和林则徐移交的《四洲志》手稿，编纂了《圣武记》和《海国图志》。魏源在《海国图志》中提出以“师夷长技”来实现西方那样的现代化，即希望通过学习西方强盛之术来强军富国，最终实现“制夷”的目的。“师夷长技以制夷”，是在近代中国的特殊条件下适时而生的富有建设性意义的宝贵思想。“师夷”这一主张，突破了自我封闭的文化优越感与保守固化的夷夏秩序，在中国近代思想界最先确立了一种世界眼光与开放的文化意识，具有重要的启蒙作用。徐继畲深化了对“师夷”的认识。1836—1851年，徐继畲先后在广西、广东、福建任职，较多接触到外国官员、商人和学者，为办理“夷务”去了解、

① 范文澜：《中国近代史·上编》（第一分册），中华书局1961年版，第70页。

研究世界，并于1848年刊行了《瀛环志略》。其核心内容是希望清政府向西方学习，实现“上佐天子，布大德于埏纮；下绥黎元，乐匡生于衽席”的目标[①]。之后，冯桂芬在魏源之说的基础上于1861年著成《校邠庐抗议》一书，提出：“以中国之伦常名教为原本，辅以诸国富强之术”，[②] 其核心思想是以西方工业文明为“形而下”之器，以中国封建纲常名教为“形而上”之道，以实现封建专制制度基础上的富强兴盛。在他看来，中国的社会体制和意识形态是好的，只是缺乏长技而已，只要把诸国长技学过来，自然也能实现富强。冯桂芬此言被学界视为洋务运动的指导思想——“中体西用”论的创始之说。无论是“师夷长技以制夷”，还是“中体西用”，这些口号共同奏响了近代思想启蒙的序曲，推动了洋务运动的开展。

1861年总理各国事务衙门设立，标志着洋务运动正式兴起。洋务运动以“中体西用”为纲领。这一纲领，在当时具有一定进步性。一方面是清政府对移植西方现代工业“一种切实的倡率引导”，另一方面设想了“中西文化交冲汇融后两者可能结合的一种特定形式”，是对中国传统文明如何面对西方坚船利炮冲击的回答[③]。这一纲领的理想状态是，既能保存自己的传统，又能实现国家实力的强盛。在洋务运动期间，创办了大小24个军

---

① 徐继畬：《瀛环志略》，“彭蕴章序”，朝华出版社2018年版。

② 冯桂芬：《校邠庐抗议》，中州古籍出版社1998年版，第211页。

③ 陈旭麓：《中国近代社会的新陈代谢》，《陈旭麓文集》第二卷，上海教育出版社2018年版，第237页。

用企业，较为著名的有江南制造总局、福州船政局、天津机器局、金陵机器局、湖北枪炮厂等。在民用企业方面，创办了包括交通运输业、采矿业、冶铁业、纺织业等在内的20多个企业，较为著名的有轮船招商局、天津电报总局、开平煤矿、汉阳铁厂等。这些企业的创办，是近代中国向西方学习的成果，也是中国迈向现代化的重要起步。

洋务运动，顺应了世界历史的发展潮流。练兵、制器、兴学等一系列自强求富措施，表明了洋务派对外部世界的有限开放和接纳。这些措施，也在一定程度上滞缓了列强侵吞中国的势头，客观上为中国脱离封建故道、纳入现代文明轨迹奠定了社会基础。但是，甲午一役，洋务运动宣告破产。这也说明靠“中体西用”实现国家现代化这一道路走不通，“‘中体西用’一方面采纳西学，是进步的，却带来了崇洋的思想；另一方面固守‘中体’，是保守的，却又依托于民族性”。[①] 西方国家较早开启了现代化进程，中国该如何实现现代化？以及在实现现代化的过程中该如何处理西方与东方的关系？这是当时急需回答的问题。

2. 甲午战争的失败催促维新变法实行

洋务运动虽然破产，但是这一时期一大批民族资本主义企业如雨后春笋般兴起。到1894年，民族资本创办的大小企业共

---

① 陈旭麓：《论“中体西用”》，《陈旭麓文集》第三卷，上海教育出版社2018年版，第284页。

有 130 家左右[1]，民族资产阶级开始形成，他们提出新的社会诉求并探索新的救国方案。甲午战争的失败，极大地震撼了朝野上下，深刻地鞭挞了谋国治道的封建官僚。西方列强凭借先进的工业技术和政治制度在世界舞台上占据优势。日本通过明治维新实现了经济飞速发展，快速走上了现代化之路。中国的有识之士开始认识到，只有顺应这一潮流，学习西方先进经验，才能摆脱困境。以康有为、梁启超为首的资产阶级维新派形成，中国早期现代化的探索由“师夷造器”向“变法改制”转变。

康有为是倡导“变法改制”的首要人物。在《海国图志》和《瀛环志略》等书籍的影响下，康有为开始接触西学，多次上书光绪帝，要求变法维新，以实现立国自强。进化论，是其变法维新的理论基础。康有为认为，世道在变，社会的各种制度也应该随之进行变更，由认识和要求学习西方资本主义经济制度进而认识到要学习西方资产阶级政治制度；由要求发展民族工商业到要求有一整套政治、法律制度来保证它的发展。严复为进化论的传播作了很大贡献。在英国留学期间，严复考察了英国的政治、法律、教育等机构，接触到各种思想理论和学术新潮。他深刻认识到西方的先进不仅仅在于器物层面，更在于制度和思想文化层面。回国后，严复积极传播西方先进思想，被誉为“翻译西学的第一人”，成为中国近代思想启蒙的重要人物之一。

作为中国近代史上一次具有深远意义的政治改良运动，维

---

① 于素云等：《中国近代经济史》，辽宁人民出版社 1983 年版，第 160 页。

新变法对中国现代化的推动起了重要作用。在政治方面，维新派主张学习西方，实行君主立宪制。这是对传统封建专制制度的极大挑战，是中国政治现代化转型的重要尝试。为了推动变法维新，维新派组织各种学会、社团，通过集会、演说、出版刊物等方式宣传变法思想，使政治改良思想在一定范围内得到传播，为后续的政治现代化奠定了思想基础。在经济方面，维新派积极鼓励民族资本主义的发展，主张学习西方先进生产技术和管理方法，设立农工商总局和铁路矿物总局；颁布有利于工商业发展的政策，保护、奖励农工商业和交通采矿业；开办商学、商报，设立商会等；改革财政，编制国家预决算。这些政策在一定程度上促进了中国近代民族工业的兴起与初步发展，推动了中国经济结构的现代化转型。在文化教育方面，维新变法对中国传统教育进行了大刀阔斧的改革。维新派主张废除八股取士，改试策论，注重培养学生对时事政治的见解和解决实际问题的能力；设立译书局，翻译外国书籍，派人出国留学；积极提倡兴办新学，特别是京师大学堂的创办，标志着中国近代高等教育的开创。同时，维新派创办报刊，广泛传播西方民主思想。一系列文化教育的改革，有利于培养具有现代知识结构和思维方式的新式知识分子，推动中国文化向现代转型。

维新派试图通过光绪皇帝推行以上种种改革方案，但遭到了封建守旧势力的激烈反对，导致维新变法最终只持续了 103 天。维新派企图依靠清廷自上而下进行立宪改革来实现国家现代化的方案宣告失败。维新变法虽然最终失败，但是，它在政治、经济、文化教育等方面的改革尝试为中国现代化进程注入了新的活力，激发了中国社会各阶层打破封建传统、追求现代化的动力，使中国在向现代化转型中迈出了重要的一步。不可否认，维新派虽然倡导西方君主立宪，但他们也看到了西方现代化的弊病，其中最为突出的即贫富悬殊。严复说“西洋诚为强且富，顾谓其至治极盛，则又大谬不然之说也”，因为西方现代产业为少数人垄断，“垄断既兴，则民贫富贵贱之相悬滋益远矣”，对于“贫富之差，则虽欲平之而终无术矣”。① 由此可见，在追求学习西方制度的过程中，维新派已经隐约看到了西方社会存在的弊病，这是难能可贵的。但是，他们又未找到超越西方现代化的新路径，这是个人的局限，更是时代的局限。

3. 八国联军侵华的刺激迫使清末新政开展

19 世纪末 20 世纪初，中国面临前所未有的严重危机。八国联军侵华，与清政府签订《辛丑条约》，中国完全沦为半殖民地半封建社会。同时，国内危机四伏。传统农业经济濒临崩溃，以义和团运动为代表的农民起义的发生，以及资产阶级革命思想的悄然兴起，无不对清政府的统治构成潜在威胁。在这一背景下，晚清统治阶层认识到，必须进行改革才能维护其统治地位，于是清末新政开启，为中国现代化进程提供了一个新的契机。

由清廷自上而下推动的清末新政，使戊戌维新时期的一系列改革措施得以落地，中国的政治、经济、文化、思想等各方

---

① 严复：《原强》，《严复集》第一册，中华书局 1986 年版，第 24 页。

面都发生了显著变化。在政治方面，八国联军侵华以及随之而来的瓜分中国的狂潮，激起了中国人民的政治民族主义的觉醒，现代国家意识被引入反帝斗争和现代化运动中。在国人的呼吁下，立宪运动终于有了进展。镇国公载泽、户部侍郎戴鸿慈、兵部侍郎徐世昌、湖南巡抚端方、商部右丞绍英五大臣分赴欧美日本等东西洋各国考察宪政归来后，1906 年 9 月，清政府终于着手准备大幅度改革行政组织、推进西方式立宪。在经济方面，设立商部，扶植私营企业的发展。1904 年颁布中国第一部商法，首次以法律形式保护商人的合法社会地位。此后，又相继颁布公司法和破产法，相关经济法律逐渐完善。同时，奖励发明创造和集资创办公司，私人企业得以发展。文化教育方面，1905 年宣布废除科举考试，这是中国教育史上划时代的一件大事。随着科举考试被废除，兴办新学堂和出国留学成为热潮，新式教育带来新思想和新气象，为封建专制的最终覆灭和向现代国家的转型埋下伏笔。军事方面，改革军事制度，废除武举，重建一支新式军队。新军采用西方的军事制度和训练方法，装备先进的武器装备。为了培养现代化的军事人才，清政府设立了一系列军事学堂，如保定陆军学堂等，引进西方的军事教育理念和课程体系，为中国培养了一批优秀的军事人才。

以上这些变化表明，中国正处于社会变革的新起点。但归根结底，清末新政的出发点是为了维护清王朝的统治，只是在这一过程中被迫向西方学习，不自觉地推动了中国的现代化进程。最终，由于种种原因，清末新政不仅未能挽救病入膏肓的清王朝，反而加速了清王朝的覆灭。

二、孙中山的现代化方案

清王朝试图挽救其危亡而从事的现代化努力，由于1911年辛亥革命的爆发而中途夭折，中国的历史也由此进入了一个新的阶段。革命派以推翻清王朝、建立民主共和国为目标，这一主张得到了民族资产阶级、知识分子和民众的支持。在革命派的沉重打击下，清王朝迅速土崩瓦解，中国的现代化努力向着新的方向前进。在这一过程中，孙中山起到了极为关键的作用。

（一）孙中山现代化方案的萌生与发展

1. 檀香山求学时看到中西发展之差异

1879年，孙中山随母亲前往檀香山，去投奔哥哥孙眉。在前往檀香山的轮船上，他惊叹“轮舟之奇、沧海之阔”，“自是有慕西学之心，穷天地之想”。[①] 来到檀香山后，孙中山进入由英国圣公会创办的意奥兰尼学校（Iolani School）学习，课程包括西方社会科学、自然科学、英语、数学等诸多科目。在檀香山求学时，孙中山系统地接触到了西方的知识体系，发现它与中国传统的私塾教育形成了鲜明的对比，“每课暇，辄与同国同

① 孙中山：《自传——为英国汉学家翟理思编纂〈中国名人辞典〉而作》（一八九六年十一月），黄彦主编：《孙文全集》第二册·论著（上），广东人民出版社2021年版，第259页。

学诸人，相谈衷曲，而改良祖国”，“拯救同群之愿，于是乎生”[①]。此时，孙中山产生了“以救国救民为己任”的人生志向。

完成三年高小后，孙中山又进入由美国海外传教委员会创办的奥阿厚书院读初中。经过教会学校的教育，孙中山对基督教产生了浓厚兴趣。1884 年，孙中山在香港正式皈依基督教。但是，此时孙中山对基督教的信仰更多的来自对西方先进文明的向往，正如其自己所言，乃“慕西学之心”[②]。民主革命家冯自由也曾言：“考总理之信教，完全出于基督救世之宗旨，然其所信奉之教义，为进步的及革新的，与世俗之墨守旧章思想陈腐者迥然不同。”[③] 这就印证了孙中山对于基督教的信仰，更多的是对西方现代文明和科学技术的追求，企图通过学习西方以实现其救国之宏愿。

2. 香港西医书院学习时感受到西方制度之先进

1887 年，孙中山入香港西医书院学习。学校的管理人员及任课教师多为以英国为主的欧美国家社会精英，学校的管理体系与运作模式完全英国化，这使孙中山对西方社会制度和政治理念有了新的了解。香港距离孙中山的家乡广东香山很近，但

---

① 孙中山：《非学问无以建设——在广州岭南学堂欢迎会的演说》（一九一二年五月七日），黄彦主编：《孙文全集》第十册·演说，广东人民出版社 2021 年版，第 81 页。

② 孙中山：《自传——为英国汉学家翟理思编纂〈中国名人辞典〉而作》（一八九六年十一月），黄彦主编：《孙文全集》第二册·论著（上），广东人民出版社 2021 年版，第 259 页。

③ 冯自由：《孙总理信奉耶稣教之经历》，《革命逸史》（第二集），中华书局 1981 年版，第 12 页。

为何发展程度有如此天壤之别？为何家乡人民生活如此困苦，而英国人在短短数十年就能将香港建设得如此先进？究其根源，在于两地的社会制度及政府治理，“香港政府官员皆洁己奉公，贪赃纳贿之事绝无仅有，此与中国情形正相反。盖中国官员以贪赃纳贿为常事，而洁己奉公为变例也”[①]。孙中山意识到，封建专制制度是阻碍中国社会进步的首要障碍。

此时，孙中山看到了基督教与西方政治之间相互依赖的关系，以及国人对基督教的排斥，于是他转而积极学习并宣传西方先进文化和先进思想，以此启迪民智。在香港西医书院读书期间，孙中山广泛阅读西书，特别是《法国革命史》和《物种起源》。国际法、军事战术、海军建设、各种财政、治国方略及一切政治学说，都在其研究之列，可谓涉猎极广。通过广泛学习西学，孙中山意识到中国若要走出积贫积弱、民不聊生的困境，必须革除封建专制，学习西方先进制度，“若夫最大权力者，无如政治。政治之势力，可为大善，亦能为大恶，吾国人民之艰苦，皆不良之政治为之”[②]。只有革新中国旧的政治制度，改良政府管理，国家现代化转型才有可能。

---

① 孙中山：《我之革命思想发源地为香港——在香港大学的演说》（一九二三年二月二十日），黄彦主编：《孙文全集》第十册·演说，广东人民出版社 2021 年版，第 494 页。

② 孙中山：《非学问无以建设——在广州岭南学堂欢迎会的演说》（一九一二年五月七日），黄彦主编：《孙文全集》第十册·演说，广东人民出版社 2021 年版，第 81 页。

3. 多年革命实践体悟到现代化过程之任重而道远

流亡海外的经历，更是使孙中山对西方国家的现代化成果有了更加直观的感受。他目睹了英国、美国等国家发达的工业成果，同时也看到了这些国家相对完善的民主制度。因此，孙中山开始思考，如何将这些先进的现代化成果引入中国，构建中国的现代化模式。

孙中山对现代化的早期思考，集中表现在他的革命纲领“三民主义”中。在借鉴西方资本主义制度的基础上，1905年孙中山正式提出三民主义，他说：“余维欧美之进化，凡以三大主义：曰民族，曰民权，曰民生。”① 中国欲图国家富强，必须以此三民主义行之，首先实行反帝反封建的民族主义和民权主义，在此基础上解决贫富分化的民生主义。在三民主义的指导下，孙中山奔走呼告，组织革命，经过多年奋斗，终于推翻了清王朝的统治，结束了中国两千多年的封建君主专制，建立了中华民国。孙中山担任临时大总统，他积极推行了一系列具有现代民主色彩的政策，如颁布《中华民国临时约法》，从法律上确立民主共和制度，规定主权在民、三权分立等原则。

但是，中国封建残余势力仍然根深蒂固。袁世凯等旧官僚和军阀势力，表面上拥护共和，实际上企图篡夺革命果实。孙中山很快被迫让位于袁世凯。袁世凯就任临时大总统后，不断破坏民主制度，试图复辟帝制。虽然在全国人民的反对声中袁

---

① 《民报·发刊词》，《孙中山选集》（上），人民出版社2011年版，第79页。

世凯、张勋复辟之图被迅速粉碎，但孙中山失去了政权，就失去了领导中国实践三民主义以实现国家现代化的基础。孙中山意识到，中国的现代化不能仅仅停留在政治制度的表面改变，还需要对整个社会的思想观念、经济基础、政治文化进行深度改造，中国的现代化道路任重而道远。

（二）孙中山现代化方案的主要内容

二次革命失败后，孙中山并没有停止为实现三民主义而奋斗。1914 年 7 月，孙中山重整旗鼓，将国民党改组为中华革命党，并将革命过程划分为军政、训政、宪政三个时期，重启民主革命。1917 年，孙中山掀起护法运动，旨在重新建立新生共和的民主法统。护法运动最终也失败。孙中山反思革命教训，潜心研究革命理论，著就《孙文学说》、《实业计划》和《民权初步》，合并称《建国方略》，为中华民国制定了较为完备的建设方案。《孙文学说》、《实业计划》和《民权初步》分别从心理建设、物质建设、社会建设三个部分，论述了建构现代国家体系的基本思想。这三个部分虽然相对独立，但是从内容和思想上来看，却相互贯通、相辅相成，统一于现代国家建设的总目标。

1. 通过心理建设，实现人的现代化

心理建设，主要集中于《孙文学说》中。孙中山主张通过心理建设，打破“知易行难”的传统观念，树立“知难行易”的新思想，培养具有创新意识和冒险精神的现代化的人，为国家现代化奠定思想基础。在该书自序中，孙中山认为辛亥革命

之所以失败，“实多以思想错误所懈志”①。“攻心为上”，要从心理上启迪民智，唤醒民众，以推动中国革命之开展，“故先作学说，以破心理之大敌，而出国人之思想于迷津，庶几吾之建国方略，或不致再被国人视为理想空读也”②。

那么，如何启迪民智，唤醒民众？书中对这一问题给出了具体明晰的阐述。首先，孙中山对中国传统“知难行易”观念进行了驳斥。孙中山在书中列举了“饮食”“用钱”“作文”等众多领域的实例。如在饮食方面，“夫饮食者，至寻常、至易行之事也，亦人生至重要之事而不可一日或缺者也。……然吾人试以饮食一事，反躬自问，究能知其底蕴者乎？不独普通一般人不能知之，即近代之科学已大有发明，而专门之生理学家、医药学家、卫生学家、物理家、化学家，有专心致志以研究于饮食一道者，至今已数百年来亦尚未能穷其究竟者也”③。人类在长期的实践中掌握了饮食方法，先“行”，然后经过漫长的研究才逐渐了解其背后的营养学和生理学等科学知识，后“知”，因此“知难行易”。传统“知难行易”观念阻碍人们的创新意识和实践能力，进而阻碍社会的进步。为何日本明治维新能够成功，中国戊戌维新却失败？“实为‘知之非艰，行之惟艰’一说误之也”④。特别是在革命事业中，“知易行难”极大影响了革命

① 孙中山：《建国方略》，生活·读书·新知三联书店2014年版，第4页。
② 孙中山：《建国方略》，生活·读书·新知三联书店2014年版，第5页。
③ 孙中山：《建国方略》，生活·读书·新知三联书店2014年版，第8页。
④ 孙中山：《建国方略》，生活·读书·新知三联书店2014年版，第63页。

队伍的凝聚力和战斗力，危害极大。

其次，孙中山积极宣传“知难行易”新思想。通过驳斥传统“知易行难”，孙中山提出“知难行易”的主张，鼓励国人解放思想、勇于探索、无所畏惧乐于行。孙中山将人类分为三种，“其一先知先觉者，为创造发明；其二后知后觉者，为仿效推行；其三不知不觉者，为竭力乐成”①。后知后觉者和不知不觉者认为“知之非艰”，不重视思想的创新，贻误国家的发展。孙中山以美国革命为例，认为美国建国时远不如中国时机成熟，无论是地理环境、社会条件、人口数量等都不如中国，为何能于1776年宣布独立？“然其三百万之众，皆具冒险之精神，远大之壮志，奋发有为，积极猛进。”② 如果国人能打破旧的思想传统，敢于冒险，那么中国欲达于富强之地，指日可待，“倘使我国之后知后觉者，能毅然打破‘知之非艰，行之惟艰’之迷信，而奋起以仿效，推行革命之三民主义、五权宪法，而建设一世界最文明进步之中华民国，诚有如反掌之易也”③。

最后，孙中山提出“学问为立国之本”，重视教育与宣传。孙中山认为人的素质和学问是国家现代化的关键，“夫国者，人之积也。人者，心之器也。国家政治者，一人群心理之现象也。是以建国之基，当发端于心理”④。必须重视教育，通过教育的

---

① 孙中山：《建国方略》，生活·读书·新知三联书店2014年版，第67页。
② 孙中山：《建国方略》，生活·读书·新知三联书店2014年版，第68页。
③ 孙中山：《建国方略》，生活·读书·新知三联书店2014年版，第67—68页。
④ 孙中山：《建国方略》，生活·读书·新知三联书店2014年版，第87页。

普及改变传统思维和价值观念。其中特别要注重科学知识，“夫科学者，统系之学也，条理之学也。凡真知特识，必从科学而来也”①。只有通过科学的方法才能获得真知识，进而将其付诸实践指导行动。教育与宣传相辅相成。在中国革命过程中，《中国日报》、《国民报》、《苏报》、《民报》等报刊都为革命思想的传播作出很大贡献。因此，只有通过普及教育，加强宣传，让民众具备科学知识，才能使他们真正理解和支持革命建设事业，进而为国家现代化发挥积极的作用。

2. 通过实业发展，实现经济现代化

实业发展，主要集中在《实业计划》中。孙中山强调，必须通过实业发展，振兴经济，为国家现代化奠定物质基础。在纽约英文版自序中，孙中山指出，如果中国发展实业，“则关于中国问题之世界祸根可以永远消灭，而世界人类生活之需要，亦可得一绝大之供给源流，销兵气为日月之光，化凶厉于祯祥之域，顾不懿欤！”② 通过实业发展，实现经济现代化，其他很多问题都可以迎刃而解。《实业计划》中涵盖铁路、水运、港口、农业、林业、矿业等多方面的内容，总体来看，它是一个以交通和基础设施建设为重点，内地与沿海、产业发展与区域经济全面协调共同推进的一个计划。通过全面协调发展，最终达到“人尽其才，地尽其利，物尽其用，货畅其流”的境地，

---

① 孙中山：《建国方略》，生活·读书·新知三联书店2014年版，第65页。

② 孙中山：《建国方略》，生活·读书·新知三联书店2014年版，第136页。

最终实现国富民强。《实业计划》为中国首次勾勒了一幅崭新的、颇具诱惑力的现代化蓝图。

首先，交通方面。孙中山对交通极为重视，他认为，“交通为实业之母，铁路又为交通之母”①。孙中山将全国划分为西北、西南、中央、东南、东北、高原等六大铁路系统，计划在全国范围内建设总长度约 16 万公里的铁路。此外，要修建遍布全国的公路网，连接铁路、港口和城乡各地，促进货物流通和人员往来。水路是交通的重要方面，在整治和扩建现有运河和内河航道的基础上，大力提高内河航运能力。在沿海建设多个大型海港，建设具有国际运输能力的现代港口，提升中国在国际贸易中的竞争力。

其次，工矿业方面。孙中山认为，目前中国工业极为落后，“中国今尚用手工为生产，未入工业革命之第一步，比之欧美已临第二革命者有殊”②。因此，必须大力发展工矿业。关键及根本工业，首先当属矿业。矿业是“实业之母”和“工业之根”。孙中山计划在全国范围内合理布局钢铁厂，利用国内丰富的铁矿资源，引进国外先进设备和技术，提高国内钢铁产量，满足基础设施建设对钢铁的大量需求。在钢铁工业的基础上，发展机械制造工业和化学工业，服务于中国矿藏资源的开发，特别是铁矿、煤矿和石油等资源的高效开采和利用，提升国家工业实力。难得可贵的是，为了发展工矿业，孙中山提出了对外开

---

① 《孙中山全集》第二卷，中华书局 1982 年版，第 383 页。

② 孙中山：《建国方略》，生活·读书·新知三联书店 2014 年版，第 140 页。

放的思想。他认为，中国工矿业开发技术落后、资金缺乏，必须用中国国内丰富的资源和广阔的市场，吸引外资，促进中国经济快速发展。当然，孙中山强调在对外开放的同时要保持主权独立，“惟发展之权，操之在我则存，操之在人则亡，此后中国存亡之关键，则在此实业发展之一事也”①。

最后，农业方面。孙中山高度重视农业发展，认为农业是“民生切实之图”。中国虽然为农业国，有着悠久的耕种历史和丰富的种植经验，但是相比西方仍旧落后。只有将我国农业生产的优良传统和西方先进科技相结合，农业发展才有希望。因此，孙中山提出“科技兴农”。通过设立专门的农业管理机构，采取科学的手段测量农地，这是土地管理的第一步。设立农器制造厂，发展农业机械化，提高生产效率。通过设立农业学校和培训机构，推广农业教育，提高劳动者素质，引导农民科学种田。通过改善食物的贮藏和运输条件、提升食物的制造和保存技术、改进食物的分配和输出环境，推动农业发展。

3. 通过民主建构，实现政治现代化

关于民主政治，孙中山有过非常丰富的论述。除《民权初步》外，“五权宪法”、《国民政府建国大纲》也是孙中山关于现代国家民主政治的集中表达。孙中山主张，通过民主建构培养国人的民族民主意识，实现政治现代化，为国家现代化奠定政治基础。在《民权初步》序言中，孙中山指出中华民族是“至

① 孙中山：《建国方略》，生活·读书·新知三联书店2014年版，第137页。

大至优”“至广至富”之民族，为何不及邻国日本？究其原因，“人心涣散，民力不凝结”①。现民国已建立，然民权未张，果实被窃，“所幸革命之元气未消，新旧两派皆争相反对帝制自为者，而民国乃得中兴。今后民国前途之安危若何，则全视民权之发达如何耳”②。必须通过民主建设，发达民权，才能固结人心、纠合群力，建立真正的中华民国。

首先，在《民权初步》中，孙中山对为何重视民权、何为民权、如何发展民权进行了阐释。《民权初步》编译自美国亨利·马丁·罗伯特将军（1837—1923）所著的《罗氏议事规则》。孙中山声称：“此书为教吾国人行民权第一步之方法也。倘此第一步能行，行之能稳，则逐步前进，民权之发达必有登峰造极之一日。”“凡欲负国民之责任者，不可不习此书。凡欲固结吾国之人心，纠合吾国之民力者，不可不熟习此书。”③ 孙中山认为，民权发展的程度关乎国家发展的前途，必须重视对民众的民主政治的启蒙、训练与提高，纠正中国社会“人心涣散、民力不凝结”的弊病。在借鉴西方民主政治的基础上，他提出民权的四个方面，即选举权、罢免权、创制权、复决权等，同时对国民集会、选举、议事日程等作了详细的说明与规定，通过发展民主政治，最终建立一个“民之所有、民之所治、民之所享”的民主国家。《民权初步》旨在教会国人民主会议的程

---

① 孙中山：《建国方略》，生活·读书·新知三联书店2014年版，第369页。

② 孙中山：《建国方略》，生活·读书·新知三联书店2014年版，第369—370页。

③ 孙中山：《建国方略》，生活·读书·新知三联书店2014年版，第372页。

序、规则，以便为在中国确立民主政治制度奠定初步基础。经过美国民主熏陶和训练的胡适、唐德刚，都对此书给予高度肯定。胡适评价孙中山："我对孙中山先生强调的使用议会程序的号召，实有由衷的敬佩。"① 唐德刚评价道："孙中山先生是近代中国最高层领袖中，凤毛麟角的 modern man；是真能摆脱中国封建帝王和官僚传统而笃信'民权'的民主政治家，他了解搞'民权'的第一步就是知道如何开会讨论；会中如何执行。这一点如果办不到，则假民主便远不如真独裁之能福国利民。中山先生之所以亲自动手翻译一本议事规程的小书，而名之曰《民权初步》，就凭这一点，读史的人就可看出中山先生头脑里的现代化程度远非他人所能及。"②

其次，为了实现民主政治，孙中山为中华民国设计了"五权宪法"体系，即实行"五权制度"的宪法原则。孙中山以欧美资本主义国家宪法的基本原则——"三权分立"原则为基础，结合我国封建时代的考试、监察二权，制定了中国"五权宪法"的基本原则。他认为，中国传统与欧洲传统有很大的不同："中国历史，是从自由而入于专制；西国历史，是从专制而入自由。""欧俗人不自由，故争自由。中国人尚不竭自由，故不知自由。这两个潮流，一专制，一自由，就是中国与欧洲不同底地方。"③ 因此，中国不能完全模仿欧洲"三权分立"。中国传统

① 《胡适文集》（第一册），北京大学出版社 1998 年版，第 229 页。
② 《胡适口述自传》，广西师范大学出版社 2009 年版，第 84 页。
③ 《孙中山选集》，人民出版社 1981 年版，第 491 页。

已经存在三权，即君权、考试权、弹劾权。其中考试权是选贤任能的主要渠道，弹劾权是纠正错误的良好机制，应该继承，故中国应实行“五权制度”，而非“三权”。在此基础上，孙中山主张将国家的立法、行政、司法、考试、监察这五种治权分别由立法、行政、司法、考试、监察五院独立行使，以防止政府之专权；而同时将选举、罢免、创制、复决四种权利由人民掌握，实行“权能划分”。其核心是政权、治权分立，政权归属国民大会，而治权乃指行政权、立法权、司法权、监察权、考试权，各自独立运作并互相合作。五权宪法的构想，是孙中山关于民主政治的重大发明，既体现了分权主义，具有防止封建专制主义的意义，也包含了对三权分立的资产阶级宪法的某种批评和修订。

最后，《国民政府建国大纲》对国民政府在军政、训政、宪政三期的中央、省、县各级政府的职能、权力和相互关系作了系统阐述和规定。在该书中，孙中山对民国的意识形态和权力架构作了明确规定，以三民主义为人民应有之“权”，以五权宪法为政府施政之“能”，“国民政府本革命之三民主义，五权宪法，以建设中华民国”①。孙中山将中华民国之建设分为三个时期，“一曰军政时期，二曰训政时期，三曰宪政时期”。“在军政时期，一切制度悉隶于军政之下”；“在训政时期，政府当派曾经训练考试合格之员，到各县协助人民筹备自治”；“在宪政开

① 《孙中山选集》（下），人民出版社 2011 年版，第 624 页。

始时期，中央政府当完成设立五院，以试行五权之治”①。三个时期任务各不相同，以此循序渐进，建设现代民主国家。

（三）对孙中山现代化方案的评价

孙中山是中国早期现代化的思想探索者和实践开拓者，其现代化思想涵盖了中国早期现代化的各个方面，为中国现代化探索留下一份珍贵的思想遗产。孙中山的现代化思想以“富国强兵”和“救国济民”为宗旨，希望从国民心理、国家经济、社会制度等方面实现全面现代化，这些构想从晚清中国的具体实际出发，期冀探索一条中国的现代化道路。

1. 孙中山现代化方案的积极性

孙中山虽然主张借鉴欧美现代国家的先进经验，但是对于西方制度，他也看到了其中的问题。孙中山认为：“国家富强、民权发达如欧洲列强者，犹未能登斯民于极乐之乡也。”② 欧美已陷于“富者富可敌国，贫者贫无立锥”的“悬绝之惨境”③，西方文明已经病态百出。因此，中国的现代化就不能完全学习西方。中国的现代化“然若能取鉴于欧美之工业革命、经济发达所生出种种流弊而预为设法以杜绝之，则后来居上，亦未始

① 《孙中山选集》（下），人民出版社 2011 年版，第 624、625、626 页。

② 孙中山：《建国方略·孙文学说》，《孙中山全集》第六卷，中华书局 2011 年版，第 232 页。

③ 孙中山：《复某友人函》，《孙中山全集》第一卷，中华书局 2011 年版，第 228 页。

非一大幸也”。[1] 中国的现代化应该在借鉴西方现代化优点的基础上，杜绝其缺点，实现对西方现代化的超越。那么，社会主义则是超越西方现代化的最佳选择。如果中国实行社会主义就能杜绝欧美现代化产生的流弊尤其是贫富悬殊，“仆之宗旨在提倡实业，实行民生主义，而以社会主义为归宿，俾全国之人，无一贫者，同享安乐之幸福”[2]。因此，在民生问题上，孙中山提出“平均地权，节制资本”，这既是对封建土地所有制宣战，也是对西方资本主义制度的超越。当然，孙中山理解的社会主义还不是科学社会主义意义上的社会主义。

2. 孙中山现代化方案的空想性

孙中山所谓的社会主义，带有明显的空想色彩。辛亥革命后政权主要掌握在封建军阀和旧官僚手中，而且中国封建土地所有制根深蒂固，在这种情况下企图通过政府自上而下推行土地改革，是一种空想。再者，当时中国民族工业处于起步阶段，“节制资本”体现了孙中山对于社会公平的美好追求，但是过度限制资本会阻碍经济的发展，进而影响铁路、船运、采矿等基础设施的建设，与其实业发展计划相悖。

由于过于理想化而缺乏实行的必要条件和基础，再加上孙中山本人于1925年逝世，其关于国家现代化的很多计划未能实施。孙中山逝世后，中国的现代化发展面临两种命运：一是以

---

① 孙中山：《三民主义》，《孙中山全集》第五卷，中华书局2011年版，第193页。

② 孙中山：《在上海中华实业联合会欢迎会的演说》，《孙中山全集》第二卷，中华书局2011年版，第340页。

蒋介石为代表的大资产、大地主阶级抛弃了孙中山的民主思想，创建出违背孙中山本人思想的专制独裁思想体系。二是以毛泽东为代表的中国共产党人，继承孙中山思想的精华，并将其发扬光大。在《纪念孙中山先生》一文中，毛泽东指出：孙中山“在政治思想方面留给我们许多有益的东西。现代中国人，除了一小撮反动分子以外，都是孙先生革命事业的继承者”①。

2020 年 10 月，正值丰收的金秋时节。正在广东考察的习近平总书记来到汕头，走进开埠文化陈列馆。厚重的历史气息扑面而来，一张张照片、一段段史料，记录了汕头的苦难与辉煌，也折射出一个国家一个民族从苦难走向辉煌的伟大历程。在孙中山《建国方略》相关规划图前，习近平总书记驻足凝视。

100 多年前，孙中山先生苦苦思索如何“振兴中华”，在《建国方略》中绘就了中国现代化第一份蓝图：建设 160 万公里公路、约 16 万公里铁路、3 个世界级大海港、三峡大坝……如今，高铁飞驰领先世界，公路纵横遍布城乡，世界大港十之有七，中国的现代化程度已远远超出孙中山当初的设想。习近平总书记感慨地说：“只有我们中国共产党人实现了。”筚路蓝缕、栉风沐雨，中国的现代化之路更显壮阔。

三、20 世纪 30 年代中国知识界关于现代化的讨论

自下而上的革命，是推动现代化最激进的方式。但是，辛

---

① 《毛泽东文集》（第七卷），人民出版社 1999 年，第 156 页。

亥革命并没有像很多仁人志士期待的那样使中国走上富强之路。辛亥革命虽然废除了封建帝制，但是从帝制的废墟中是不能自动产生出一个现代国家的。辛亥革命后，袁世凯窃取革命果实，并逐渐背离民主共和的原则。他解散国会，废除《临时约法》，试图建立独裁统治。这种行为，严重破坏了辛亥革命后建立起来的脆弱的民主政治体系，阻碍了中国政治现代化的进程。之后，袁世凯倒行逆施，复辟称帝，中国的政治发展陷入混乱，国家的发展方向变得混乱不清。在全国人民的谩骂声中，袁世凯去世，中国陷入了军阀混战的动荡局面。这种政治危机和混乱局面，一直持续到 30 年代。黑暗的社会现实和混乱的政治时局，增加了人们对于现代国家的向往。

1933 年 7 月，《申报月刊》为纪念创刊周年发行了特大号，刊出了“中国现代化问题特辑”，这是中国知识界首次针对中国现代化问题进行集中讨论。他们的思考与探索，塑造了 19 世纪末到 20 世纪初中国仁人志士探索现代化的艰难历程，对之后中国共产党探寻中国式现代化提供了多方面的教益与启示。

（一）20 世纪 30 年代中国知识界关于现代化问题讨论的时代背景

20 世纪 30 年代，中国知识界关于中国现代化问题的讨论具有空前的广度和深度，其产生与当时复杂的世界局势和中国严重的政治经济危机密切相关。

1. 世界局势动荡复杂

近代中国现代化发展屡屡受挫，西方现代文明的弊端与痼疾不断暴露。工业革命使西方率先步入现代化，近代以来，中国始终将目光着眼于西方，效法旧式资产阶级革命，进行着从技术到制度再到思想的全方位的学习。但不论是洋务运动学习先进技术，还是戊戌变法学习西方制度，到辛亥革命的成果最终付诸东流，都未能从根本上找到一条适合中国的现代化发展道路。“中国人向西方学得很不少，但是行不通，理想总是不能实现。多次奋斗，包括辛亥革命那样全国规模的运动，都失败了。国家的情况一天一天坏，环境迫使人们活不下去。怀疑产生了，增长了，发展了。”① 第一次世界大战的残酷，经济危机与战后的社会动荡，将资本主义社会的弊病彻底暴露，人们开始对西方价值、文明产生怀疑，“晚近两世纪中，列国先后发生产业革命，经过‘现代化’的历程，产生了现代资本主义的社会组织。这种组织，在目前又因全世界空前的经济恐慌，破绽百出，正在那里发生动摇。中国今后的‘现代化’，应当姑且走他们的老路，抑另寻新路?”② 这一时期，苏联经济飞速发展，“一五”计划使苏联成功由农业国转变为工业国，社会主义现代化建设取得重大成就。以苏联为代表的现代化模式引起国人关注，中国的知识分子有了寻找新的方式以促进中国现代化发展的信心。

2. 国内政治经济危机严重

20 世纪 30 年代，中国的政治经济危机空前严重，促使中国

① 《毛泽东选集》第四卷，人民出版社 1991 年版，第 1470 页。

② 《中国现代化问题特辑（编者后记）》，《申报月刊》第二卷第六号，1933 年。

的知识分子将目光集中到中国现代化这一重大问题上。1929 年到 1933 年，资本主义世界爆发了空前严重的经济大危机。为了减轻影响，它们纷纷向处于半殖民地的中国进行商品倾销和资本扩张，大量廉价商品流入中国，让长久以来便在帝国主义和封建势力的夹缝中生存的民族资本主义雪上加霜。与此同时，西方国家为防止外来产品流入国内，不断提高关税壁垒，中国产品出口量大幅减少，生产难以为继。罗吟圃在《对于中国现代化问题的我见》一文中说："中国的经济运命一天危殆似一天，加上外货在华倾销等原因，国货和民族工业简直是陷入在窒息的深坑里头了！""世界经济恐慌，外货的侵入和疯狂似的倾销，都在加速中国经济的崩溃。"① 在经济遭受重创的同时，民族危机也空前严重。1931 年，"九一八事变"爆发，日本军国主义加速了对中国侵略的步伐，中华民族面临生死存亡的考验。"整个国民经济破产的危机，已经迫于眉睫，为什么一时尚无法挽救？换言之，中国产业至今尚未能'现代化'，其根本的原因，究竟安在？"② 国难当头，内忧外患，中国的知识分子提出了一系列疑问，中国的现代化问题亟待解决。

在这一背景下，《申报月刊》在创刊周年之际进行征稿活动，引起广大知识分子参与现代化的热烈讨论。1933 年 7 月 15 日，刊出《中国现代化问题特辑》。征稿启事说明了当时中国要走现代化的决心："所以近来国人，个个都感觉到'现代化'的

---

① 罗吟圃：《对于中国现代化问题的我见》，《申报月刊》第二卷第七号，1933 年。
② 《中国现代化问题特辑（编者后记）》，《申报月刊》第二卷第六号，1933 年。

必要，而中国现代化也已成为一般人的呼声了。的确，中国今后在经济上的唯一出路，就是‘现代化’。”① 《编者之言》强调了此次征求意见的必要性：“须知今后中国，若于生产方面，再不赶快顺着‘现代化’的方向进展，不特无以‘足兵’，抑且无以‘足官’。我们整个的民族，将难逃渐归淘汰、万劫不复的厄运。现在我们特地提出这近几十年来，尚无切实有效方法去应付的问题，作一回公开的讨论，目的即是在以各家对此问题的意见为药石，刺激并救治一大部分人向来漠视中国经济危机的麻木心理。”② 由于中国现代化涉及的问题太广，此次讨论的重点集中在以下两大方面：一、中国现代化的困难和障碍是什么？要促进中国现代化需要哪几个先决的条件？二、中国现代化当采取哪一个方式？个人主义的或社会手段？外国资本所促成的现代化或国民资本所自发的现代化？实现这种方式的步骤怎样？此次征稿共收到 26 篇文章，包括 10 篇短论和 16 篇专论，是一次对中国现代化问题的集中讨论。

（二）20 世纪 30 年代中国知识界关于现代化讨论的主要内容

1. 中国现代化的困难及障碍

资本帝国主义者和封建势力余孽，是中国现代化的重大障

---

① 《中国现代化问题的讨论》，《申报》1933 年 7 月 2 日，第 5 页。

② 《中国现代化问题特辑（编者之言）》，《申报月刊》第二卷第七号，第 1 页，1933 年。

碍。张良辅认为，中国现代化的困难和障碍并不如一般人所说的是缺乏资本与新式技术，“而很明显的是国际资本帝国主义者，帝国主义的依生者，封建势力的余孽以及那些‘佛乘飞机’之西学为用的中西文化融合论者”[①]。帝国主义和封建势力，不仅使社会主义式的现代化无从实现，也使真正的民族的资本主义的现代化成为泡影。杨幸之认为：“国际资本帝国主义者的桎梏束缚与残酷的侵略榨取，实为一个大因。其次，残余的封建势力与民族资本主义也还具有很大的反动作用。”[②] 多篇文章都提到，中国实现现代化的先决条件，是“对外推翻国际帝国主义者的统治，同时对内发动广大的民主斗争，扫清军阀政治，肃清残余的封建势力”[③]，“排斥帝国主义在华一切势力，取消一切不平等条约，消减帝国主义在华的工具”[④]。樊仲云认为，“所以中国如欲走自己的路，唯一的前提要件是‘打倒帝国主义’六个大字”[⑤]，在当前的环境下，只有推翻帝国主义和封建势力的统治，中国现代化才有发展空间。

教育匮乏、缺少人才也曾被多次提及。现代化的发展，不仅要注重生产力的进步，也要重视教育的普及。杨端六认为：“他们都不知道把精神文明建设在物质文明之上，所以办学几十

① 张良辅：《中国现代化的障碍和方式》，《申报月刊》第二卷第七号，1933年。

② 杨幸之：《论中国现代化》，《申报月刊》第二卷第七号，1933年。

③ 杨幸之：《论中国现代化》，《申报月刊》第二卷第七号，1933年。

④ 陈彬和：《中国现代化的方式与先决条件》，《申报月刊》第二卷第七号，1933年。

⑤ 樊仲云：《中国现代化的唯一前提》，《申报月刊》第二卷第七号，1933年。

年，没有几个人能替国家担负重任。除学校教育以外，社会教育也不能充分发挥。”① 金仲华则直接以《现代化的关键在普及教育》为题，集中论述了启迪民智、消除“文化的饥荒”对于中国现代化的重要意义。愚民是封建专制统治下的产物，而“一个现代的国家不能建筑于大部分的愚民的身上”，“我们如果要使中国成为一个现代化的国家，那必须在全数，或大部分的国民受到良好的教育的启发，成为自觉的自由的和平等的人的时候。”② 同时，不少文章还提到，在教育普及后，要注重培养人才以助力领导现代化建设。戴霭庐认为，“目前中国现代化的困难，我以为在精神方面是缺乏人才。”③ 李圣五认为，中国缺乏技术人才并且漠视科学，“要全国人民——最少是受过中等教育的人——信仰正义，尊重是非，然后社会才能治安，政治才能开明，‘现代化’的重大障碍才能消除”④。因此，中国要实现现代化，既要普及教育以唤醒国民大众，也要培养人才以领导现代化发展。

政府的不作为与不廉洁，是阻碍中国现代化的重要因素。实现现代化，需要强有力的领导。陶梦如指出，“政府的廉洁与效率是一切事业进步不可缺的条件，而有效率的政府也是辅助一切事业进行最有用的条件。这样的政府不存在，现代化是无

① 杨端六：《中国现代化之先决问题》，《申报月刊》第二卷第七号，1933 年。

② 金仲华：《现代化的关键在普及教育》，《申报月刊》第二卷第七号，1933 年。

③ 戴霭庐：《关于中国现代化的几个问题》，《申报月刊》第二卷第七号，1933 年。

④ 李圣五：《中国现代化的条件与方式》，《申报月刊》第二卷第七号，1933 年。

望的。”[①] 李圣五认为，中国现代化的障碍是“政治未上轨道”，而促成现代化的先决条件是要“维持一个强有力的政府”。谷春帆主张，通过计划经济实现现代化，则需要一个集权的政府，否则，地方权力不能集中，群众也无法集中力量发挥作用，“全中国统一的独裁政府，既然无法创造，则以全中国为对象的计划经济，便绝对不能施行”[②]。董之学强调解决政治问题是发展现代化的必要条件，提出要依靠无产阶级的力量去解决，“要解决政治问题，决不是一个或几个英雄或少数巨头所能胜任，必定要广大被压迫群众自动地联合起来组织起来担负这个任务”[③]。此时，知识分子也已经意识到了资产阶级的软弱性，当前政府不足以承担起领导中国现代化的重任。

对于中国现代化的先决条件，也有论者提出了其他观点。张素民认为，中国现代化即工业化，而“工业化之前提，在于厉行法治”，中国企业失败的一切原因都应归结为执法者不守法。诸青来指出，中国实业不能现代化的原因，在于产品不良，售价不廉，自身经济与政治不发达。他强调，“对外竞争必须以自身努力为前提”。亦有论者认为，“要使中国现代化，首先需要经济的改建”等。多数论者都意识到，关于中国现代化的困难、障碍与先决条件的讨论是十分必要的。他们认为，要想在中国这样一个半殖民地半封建的国家里实现现代化，就必须摆

① 陶孟如：《中国现代化问题》，《申报月刊》第二卷第七号，1933 年。
② 谷春帆：《中国经济改造的实现方法》，《申报月刊》第二卷第七号，1933 年。
③ 董之学：《中国现代化的基本问题》，《申报月刊》第二卷第七号，1933 年。

脱帝国主义的在华势力，废除不平等条约，消灭封建残余。现代化的发展要建立在民族独立的基础之上，而其他措施只有在这一前提之下才能更好地发挥作用。

2. 中国现代化的道路选择

《申报月刊》刊文中仅有一篇文章主张，通过私人资本主义道路实现中国现代化。唐庆增在《中国生产之现代化应采个人主义》一文中阐述了中国现代化要走个人资本主义的原因：一是“社会主义适用于贫富不均之国家，而我国乃为生产落伍之国家也”；二是“财富之增加，非实行个人主义，殆无由达其目的也”。[1] 唐庆增认为，我国生产不足、过于贫穷，应先充分积累财富，而财富的积累只有通过个人主义的方式才能实现。这种观点的弊端在于：一是忽视了帝国主义与封建势力对中国现代化发展的阻碍，处于半殖民地半封建状况下的中国不具备独立发展资本主义的条件；二是没有认识到中国资产阶级的软弱性，中国资产阶级不足以领导中国实现现代化；三是没有看到财富积累后资本主义现代化道路所暴露出的弊端，采取资本主义方式发展现代化只会重蹈西方国家的老路。

张良辅、李圣五、吴泽霖、陈彬和、吴觉农、戴霭庐、杨幸之等人所持的观点是，通过社会主义道路以实现中国现代化。在资本主义现代化道路之下，西方社会爆发了世界大战、经济

---

① 唐庆增：《中国生产之现代化应采个人主义》，《申报月刊》第二卷第七号，1933 年。

危机等重重问题。张良辅认为，造成这种恐慌的根本原因在于资本主义世界生产与分配不合理，“只有在社会主义的制度下，生产与分配才有合理的处置”①。杨幸之认为，资本主义制度下生产技术的进步反而招致了大众的祸殃，“中国生产技术现代化，固为重要，而分配制度的改善——直截了当的说，即社会制度之彻底改革，尤为重要”②。他认为，现代化的目标是对世界社会主义前途的争取，而非个人财富的积累。李圣五则从改革不合理的私有财产制度出发，主张“中国现代化的方式应当采取社会主义的。要在有组织的生产，很公允的分配，使‘劳力’与‘资本’站在平等的地位”③。陈彬和通过分析以往国家发展现代化所面临的殖民地化的境遇，得出结论：“中国的现代化，自然要排斥殖民地化与资本帝国主义的个人主义化，而采取社会主义的现代化。因为现在已不是帝国主义的时代，而是打倒帝国主义的时代了。”④ 戴霭庐指出，虽然当前中国的个人主义势力很大，但在世界大环境下再采取这一方式已不符合潮流，“理想上我是主张采用社会主义的方式，因为许多现代化是以社会主义为根基的，一旦采用个人主义的方式，是绝对办不通的”⑤。以上论者，都看到了苏联社会主义模式的优势，认识

---

① 张良辅：《中国现代化的障碍和方式》，《申报月刊》第二卷第七号，1933 年。

② 杨幸之：《论中国现代化》，《申报月刊》第二卷第七号，1933 年。

③ 李圣五：《中国现代化的条件与方式》，《申报月刊》第二卷第七号，1933 年。

④ 陈彬和：《中国现代化的方式与先决条件》，《申报月刊》第二卷第七号，1933 年。

⑤ 戴霭庐：《关于中国现代化的几个问题》，《申报月刊》第二卷第七号，1933 年。

到了资本主义现代化没有前途，可以直接以社会主义的方式发展中国现代化。这一观点，明确了中国现代化发展的目标，但并不适用于当时中国半殖民地半封建社会的国情，中国落后的经济状况和复杂的政治状况不足以支撑社会主义现代化的直接发展。

在以社会主义道路为发展目标的观点中，部分论者主张走节制的资本主义道路来实现现代化。以董之学为代表的部分人士认为，中国尚不具备直接发展社会主义的条件，但可以采取非资本主义的方式逐渐过渡到社会主义。“中国不是单纯的资本主义社会，可以不需要社会主义革命，他也不是单纯的封建主义社会，所以不需要欧美式的资本主义化，他仅是介于两者中间的复式社会，很可以而且需要采取非资本主义的路线”，“可以采取非资本主义发展的路线，在比较长的时期内来改造（并不是取消）中国的小农经济与加速工业化的过程，最终过渡到社会主义阶段。”[①] 陶孟如认为，由于当前政治经济都与外国资本有着密切联系，所以不能采取急进的社会主义，但现代化的前途仍是社会主义，“社会主义的经济，在进行现代化的期间，实质上未必可能，但我们却应以之为现代化的终极目标”[②]。罗吟圃指出，“中国目下的唯一可能的道路是非资本主义的发展，而非资本主义的发展完成，最重要的任务是在抵制帝国主义的

① 董之学：《中国现代化的基本问题》，《申报月刊》第二卷第七号，1933年。

② 陶孟如：《中国现代化问题》，《申报月刊》第二卷第七号，1933年。

侵略，根除内在的封建势力这两点上面"[①]。张素民亦有同论，"我们的现代化的方式之选择，就只有一条路可走了，即是受节制的资本主义"，"我以为中国现代化的方式，即是用政府的力量，行大规模的工业化，并对于私人企业随时节制"。[②] 这一观点，看到了资本主义现代化的弊端，明确了社会主义的前途，主张彻底扫除帝国主义与封建势力，通过非资本主义的方式在过渡阶段发展现代工业，改造小农经济，从而循序渐进地过渡到社会主义社会。

通过社会主义和资本主义相结合的方式实现现代化。如诸青来认为，"至兴业方式，应采个人主义或社会主义，言之，即企业应公有，抑为私营。愚则谓社会主义与个人主义各有优点，兼采二者之长，不宜有所偏倚。全国实业可分别其性质孰宜私有，孰宜公有，须先制定范围，不可漫无标准"[③]。郑林庄也认为，应在"不十分变更资本主义经济制度的原则内，采行计划经济"[④]。这一观点，看到了资本主义制度在现代化发展中的弊端，也看到了社会主义模式的优长，但并没有明确指出要摒弃资本主义制度，而是一种对资本主义的改良与修正，其前途并非社会主义道路。

① 罗吟圃：《对于中国现代化问题的我见》，《申报月刊》第二卷第七号，1933 年。
② 张素民：《中国现代化之前提与方式》，《申报月刊》第二卷第七号，1933 年。
③ 诸青来：《中国实业现代化问题》，《申报月刊》第二卷第七号，1933 年。
④ 郑林庄：《生产现代化与中国出路》，《申报月刊》第二卷第七号，1933 年。

3. 中国现代化的资本问题

关于中国现代化的资本问题，多数论者都认为，可以通过合理利用外资以发展现代化。对于不发达的中国来说，利用外资发展现代化是必经之路。如张良辅所说，“国民资本所自发的现代化自然是较好的，但是中国现代有巨大的资本吗？所以外国资本所促成的现代化，并不是完全要不得的，只要我们不为外资所利用而是利用外资”①。张素民也认为，“至政府资本从何出？我以为起初非利用外资不可。利用外资之法，一为借债自办，一为仿照苏俄的办法将特种产业，如矿产森林之类，租与外国资本家办”②。同时，有的论者也强调，外资的利用是有条件的，不能损害国家主权。如罗吟圃所说，“外来的投资和借债原不是不可为之事，但因外人的投资和借债而丧失本国的命脉却是万万不可为之事”，“我们要好好地利用它，使它对中国现代化的进展有所裨益，不要像过去和现在一样，不特不能用来裨益中国，反而受累受束缚。”③ 对于充分利用资本的步骤，罗吟圃进行了分析，“第一是利用外资，第二是增加国民资本，第三是利用国民资本”，在国民资本不充足时需要谨慎利用外资，以外资刺激国民资本的发展。他们认为，“至于资本的利用，无论是外国资本，或本国资本，只要支配得当，毫无差别”④。另

① 张良辅：《中国现代化的障碍和方式》，《申报月刊》第二卷第七号，1933 年。

② 张素民：《中国现代化之前提与方式》，《申报月刊》第二卷第七号，1933 年。

③ 罗吟圃：《对于中国现代化问题的我见》，《申报月刊》第二卷第七号，1933 年。

④ 李圣五：《中国现代化的条件与方式》，《申报月刊》第二卷第七号，1933 年。

有极少数人认为，中国现代化只能利用国民资本。如陈彬和认为，“所以我们处在世界经济恐慌的狂潮中，处在国际资本主义的四面楚歌中，只有学苏联实现五年计划的孤军奋战，当用国民资本来促进”①。

四、对20世纪30年代中国知识界关于现代化讨论的评价

20世纪30年代，中国正处于内忧外患的艰难时期。在这样的背景下，中国知识界在《申报月刊》编者的组织下开展关于中国现代化问题的大讨论。这场讨论对中国的现代化进程产生了深远的影响，具有重大的历史意义和价值。但囿于现实条件和论者身份，此次讨论的内容缺乏实践基础，并未提出可以付诸实施的现代化的具体步骤。

（一）现代化视野从文化领域转向经济领域

此次讨论，使知识分子的视野从文化领域转变为了经济领域。以往中国知识界对于现代化问题的讨论集中在文化领域，中西文化之争是论争的重点。此次讨论，则将重点第一次集中在了经济领域，论者主要从如何发展生产力的角度分析中国现代化的道路问题。此次讨论将范围限定于经济方面，强调经济是决定现代化进程的前提条件。陶梦如认为，“广义的现代化包含社会的许多方面，狭义的现代化，也就是申报月刊社所认为主要的，乃限于经济的一方面。那末所谓中国现代化便是产业

① 陈彬和：《中国现代化的方式与先决条件》，《申报月刊》第二卷第七号，1933年。

革命与经济改造了”[1]。张良辅指出，“以我这里所说的现代化自然专指经济方面，尤其是工业化与机械化而言”[2]。李圣五认为，“如果认清‘现代化’的主要含义，是国民经济的改造，工业化和生产力的提高”[3]。金仲华指出，“要使中国现代化，首先需要经济的改建。经济改建的主要途径是要使中国彻底地工业化，但这决不能于抛弃或牺牲农业的意义上实行的”[4]。张素民认为，“工业化为其他一切的现代化之基础，如果中国工业化了，则教育，学术，和其他社会制度，自然会跟着现代化”[5]。以上这些论述表明，中国的知识分子已经认识到了生产力的提升对于经济增长、社会进步以及国家的综合实力提升都起着至关重要的作用，提高生产力是现代化发展的重要目标。

（二）现代化倾向从资本主义转向社会主义

此次讨论，体现了中国的现代化道路已从资本主义倾向转变为社会主义倾向。多数论者都对资本主义现代化模式感到失望，20 世纪初苏联社会主义运动特别是社会主义建设对中国知识分子产生了巨大影响。樊仲云指出：“说到中国的现代化，在二三十年前，其意义不消说就是资本主义化，但是在这资本主义制度已生破绽，濒于没落的今日，则无疑是指那走向高于资

---

① 陶孟如：《中国现代化问题》，《申报月刊》第二卷第七号，1933 年。
② 张良辅：《中国现代化的障碍和方式》，《申报月刊》第二卷第七号，1933 年。
③ 李圣五：《中国现代化的条件与方式》，《申报月刊》第二卷第七号，1933 年。
④ 金仲华：《现代化的关键在普及教育》，《申报月刊》第二卷第七号，1933 年。
⑤ 张素民：《中国现代化之前提与方式》，《申报月刊》第二卷第七号，1933 年。

本主义制度的过程而言。”[①] 张素民认为，发展资本主义现代化便是自食恶果，明确了不能再走资本主义现代化道路的决心，“再退一步，即令吾国私人资本十分充足，有使中国现代化的可能，然我们若采个人主义的方式，我们必受个人主义的资本主义之一切恶果，我们又何苦重走别人已经走错过的道路呢？”[②] 多数论者都看到了欧美资本主义现代化已走向末路，即便中国暂时封建落后，也决不能继续发展资本主义现代化。与对资本主义的失望情绪相对照的，是对苏联社会主义的向往。五四运动以后，马克思主义在中国的传播不断扩大，苏联社会主义运动的胜利极大影响着中国知识分子，在现代化道路的选择上也体现了这一倾向。如杨幸之所言，“社会主义国家的苏联，则正以加速的步伐走向社会主义的前途，第一次五年计划既已成功，第二次五年计划又已开始。无论是工业劳动者或是农业劳动者，他们所焦灼的，所孜孜以从事的，不是个人财富的累积，而是社会主义国家之基础的建设牢固与世界社会主义之前途的争取。这和资本主义体系下的世界对照，恰是两个世界，两个历史范畴”[③]。尽管社会主义现代化也有重重困难，但多数论者认为依旧要将社会主义作为现代化发展的前途，如罗吟圃所说，“亦许中国实行社会主义在此刻有重重阻力和困难，内而封建势力的高度的压迫，外而帝国主义的极端侵略。但是世界上并不是没

---

① 樊仲云：《中国现代化的唯一前提》，《申报月刊》第二卷第七号，1933 年。

② 张素民：《中国现代化之前提与方式》，《申报月刊》第二卷第七号，1933 年。

③ 杨幸之：《论中国现代化》，《申报月刊》第二卷第七号，1933 年。

有实行社会主义而成功的国度，我们不应该因为阻力和困难而意气消沉”[①]。正因有这样的认识，此次讨论体现出明显的社会主义倾向性。

（三）讨论群体和内容存在一定局限

不可否认，此次现代化讨论也具有明显的局限性，主要体现在以下两个方面：一方面，论者群体有限。此次讨论采用的是约稿的形式，并未直接面向全社会征稿，约稿对象多为民族资产阶级知识分子，不具有广泛性和代表性。且论者作为知识分子群体，大多没有社会实践的经历，对于社会生产缺乏了解，缺乏一定的实践基础。另一方面，讨论内容不够全面。此次讨论没有明确领导中国现代化的现实依靠力量。董之学认为，“走不通的资本主义因为找不出强大的资产阶级来做领导，自然是百分之百地没有希望”[②]。部分论者认识到了中国资产阶级的软弱性，提出要走非资本主义的路线进而过渡到社会主义现代化，但对于如何保障这条路线的实施并未作具体论述。

五、半殖民地半封建社会走不进现代化

第一次鸦片战争的失败，使中国开始沦为半殖民地半封建社会。伴随着外敌入侵及一系列不平等条约的签订，中国政治、经济、文化等各方面发展都受到来自外部的冲击，中国近代历

① 罗吟圃：《对于中国现代化问题的我见》，《申报月刊》第二卷第七号，1933年。
② 董之学：《中国现代化的基本问题》，《申报月刊》第二卷第七号，1933年。

史展现出向下“沉沦”的过程。20世纪初，八国联军侵华，《辛丑条约》签订，中国陷入黑暗的谷底。但是“沉沦”中也有“上升”。从林则徐“睁眼看世界”，到魏源“师夷长技以制夷”，再到洋务运动、戊戌维新、辛亥革命等，所有这些，都是外敌入侵下国人救亡图存的努力。这些努力，在一定程度上为中国现代化奠定了初步且微弱的基础。特别是辛亥革命后初年，随着私人资本主义工商业的较快发展，社会力量方面出现了较大转移，中国的资产阶级和无产阶级逐渐作为独立的社会力量和政治力量登上历史舞台。他们是新兴力量的代表，开始推动中国社会向现代化缓慢转型。但是，半殖民地半封建社会无法完成国家现代化的任务。这是因为，中国连走资本主义道路都走不通。毛泽东对这一问题进行了深刻剖析。他指出，“资本主义社会之路”在中国行不通，是因为“帝国主义不容许”，帝国主义为了维护自身利益，只希望把中国变成它们的半殖民地和殖民地，而决不是要把封建的中国变成资本主义的中国；是因为“社会主义不容许”，中国革命处在革命和战争的新时代，属于世界无产阶级革命的一部分，是新民主主义革命，其结果必然是走向社会主义而不是资本主义；是因为“大地主大资产阶级是坚决的反对力量”，它们与帝国主义相勾结，为维护自身利益实行独裁专制，残酷压迫和剥削劳动人民，损害和限制自由资产阶级发展；是因为民族资产阶级具有“软弱性”“妥协性”“动摇性”，从而决定了其不可能彻底地反对帝国主义和封建主义，无力承担起领导中国革命的历史重任；是因为中国革命的领导力量是中国共产党，“斗争是在无产阶级领导下进行的”，其前途必然是经过新民主主义走向社会主义。

（一）政治上丧失主权，缺乏独立自主

独立主权是国家发展的基石，也是国家在国际舞台上维护自身利益和发挥影响力的重要保障。一个国家只有拥有独立主权，才能够自主地制定和执行符合本国利益的政策，推动政治、经济、社会、科技等各个领域的发展。半殖民地半封建的中国，受制于外国列强，国家主权被严重破坏，无法真正从本国实际出发自主决策来推动现代化进程。

从第一次鸦片战争开始，西方列强通过一系列不平等条约控制中国政府，操纵中国的内政、外交，把中国当权者变成自己的代理人和驯服工具。首先，通过派驻外国公使、攫取领事裁判权、把持中国海关等，控制中国的内政外交。第二次鸦片战争失败后签订的《天津条约》，其中一项重要内容，就是允许外国公使常驻北京，他们不是现代意义上的外交官，而是清政府的“太上皇”，可以在中国直接发号施令。1843 年中英《五口通商章程》和 1844 年中美《望厦条约》，使得英、美在中国获得了领事裁判权。依靠这一权利，他们可以在中国的领土上按照本国法律自主审判纠纷，不受中国政府干预。把持中国海关，是列强控制中国政治的另一重要手段。中国海关被列强控制，意味着国家在对外贸易和税收等领域失去了自主权，中国政府无法有效利用海关税收来发展本国经济和现代化建设。其次，通过镇压中国人民的反抗，扼杀中国人争取主权独立的斗争。太平天国农民起义、“天津教案”、义和团运动等国人反侵略反封建的斗争，都在列

强的镇压下失败。最后，通过扶植、收买代理人，把清政府驯服为列强控制中国的工具。

虽然辛亥革命后中华民国成立，但是袁世凯窃取革命果实，其背后依然有帝国主义势力直接或间接插手。自 1915 年日本向袁世凯提出妄图独占中国的“二十一条”以来，日本帝国主义者就支持军阀势力进行分裂中国的阴谋活动。1931 年，日本发动“九一八事变”，开始侵略中国；1937 年，“七七事变”爆发，日本开始全面侵华，中华民族面临自甲午战争以来最严峻的政治形势。内部缺乏社会稳定，外部缺乏独立自主，严重阻碍了中国现代化的发展。

（二）经济上遭受掠夺，难以形成完整的工业体系

完整的工业体系，是国家经济实力的重要支撑，也是保障国家战略安全、实现可持续发展和提升国际竞争力的关键因素。一个国家拥有完整的工业体系，意味着在各个工业领域都具备一定的生产能力，能够满足国内经济发展和人民生活基本需求，为现代化奠定经济基础。而半殖民地半封建社会的中国，经济上遭受列强洗劫，不具备发展本国工业体系的物力基础。

在半殖民地半封建社会，列强通过不平等条约控制中国经济，把中国卷入资本主义的世界市场，使中国经济沦为他们的附庸。首先，控制中国的通商口岸。通过《南京条约》《天津条约》《北京条约》等，列强强迫中国开放通商口岸。在通商口岸，列强依仗种种特权，控制工商、金融事业，实行殖民统治。其次，剥夺中国的关税自主权。列强通过不平等条约控制中国

的海关，中国的海关自主权丧失，无法有效保护本国经济。最后，实行商品倾销和资本输出。列强凭借先进的工业生产能力和超低的关税向中国倾销商品，中国传统自然经济遭受巨大冲击，大量农民和手工业者破产。同时，通过在中国开办工厂、修筑铁路、设立银行等方式，列强对中国进行大规模的资本输出，控制中国的经济命脉。此外，封建统治阶级为了维护其统治，对广大人民横征暴敛，征收各种苛捐杂税；官僚资本主义凭借其政治权力，垄断金融、工业、商业，并且与帝国主义相勾结，共同掠夺中国资源，导致中国经济发展困难。

在帝国主义、封建主义和官僚资本主义三座大山的压迫下，中国的民族工业发展举步维艰。民族资本面临着外国资本的竞争、封建势力的阻挠和官僚资本的挤压，难以获得足够的资金、技术和市场。虽然第一次世界大战期间，中国民族工业迎来了短暂的"黄金时期"，但由于它先天不足，又缺乏先进技术，起点低，基础薄弱，导致中国的民族资本具有很大的依附性，缺乏独立推动发展国民经济大发展的力量。在中国，民族资产阶级"想要保障一个拥有数亿农民、面积几乎独占一个大陆的国家的团结、独立和发展，显然是力不胜任的。中国的市民阶层，包括其坚强的先锋——资产阶级，如果反对国家，或者脱离国家，没有它的帮助，他们是不可能得到发展的"①。1927 年，国民党南京国民政府建立，在此后几年，南京国民政府在废除不

① 白吉尔：《〈1911—1937 年：中国资产阶级的黄金时代〉前言》，译文载《中国近代经济史研究资料》(6)，上海社会科学出版社 1987 年版。

平等条约、收回关税自主、取消外国在华特权、收回租界等方面取得一些成效，但是随着蒋介石军事政权本身的官僚化、资本化，官僚资本盛行，逐渐形成以四大家族为首的官僚资本主义。“中国资本主义的发展就面临这样的两难处境：或是由于得不到国家的强大支持，因自身软弱而无力进行发展；或者投靠军事化的国家机器，而成为官僚资本主义的附属物与牺牲品。”①

（三）文化上被西方渗透，社会价值观面临挑战

文化，体现着一个国家的价值取向、道德规范、思想风貌及行为特征，是一个国家的精神家园，更是推动国家现代化的精神力量。在半殖民地半封建社会，中国文化受到西方文化的强烈渗透，社会价值观面临严峻挑战。

文化渗透是列强侵略中国的重要方式，通过文化渗透宣扬殖民主义文化，麻醉中国人民的精神，摧毁中国人的民族自尊心和自信心。首先，通过宗教活动破坏中国传统。通过不平等条约，外国传教士获得了在中国自由行动的权利，他们采用欺骗讹诈、压价购买、抢占农地等手段霸占土地，建造教堂，强迫中国人抛弃传统礼俗，破坏中国传统文化。其次，通过翻译作品与传播西学，抨击传统价值观。西方文化的强势入侵，使得中国传统文化面临巨大的挑战，传统的价值观、道德观和审美观念受到冲击。最后，宣扬“种族优劣论”，泯灭中国人的民

① 罗荣渠：《现代化新论——中国的现代化之路》，华东师范大学出版社 2013 年版，第 246 页。

族尊严。为了掩盖其侵略实质，列强污蔑中华民族是“劣等民族”，炮制“黄祸论”，大肆宣扬“一旦千百万中国人意识到自己的力量时，将给西方文明带来灾难和毁灭”①。在西方文化的冲击下，中国传统的儒家思想受到质疑，中国文化在一定程度上陷入了混乱和迷茫。

不可否认，随着西方传教士和一系列翻译书籍的传入，西方民主、科学等现代思想也传入中国，促进了国人对传统文化的反思。新文化运动时期，中国知识分子宣传“德先生”“赛先生”，对“新文化”和“旧文化”进行热烈的讨论，促进了国人的思想解放。但是，西方现代思想的传入，归根到底是西方入侵中国的“不自觉的结果”，其最终目的是侵略中国。西方文化渗透，导致中国社会价值观陷入混乱：一方面，一些封建守旧势力顽固地坚守传统的儒家思想和封建礼教，排斥西方文化，反对任何形式的变革和创新，试图维护封建统治的权威和秩序。另一方面，一些受到西方文化影响的知识分子和开明人士，则主张全面学习西方文化，引进西方的政治制度、经济模式和思想观念，对中国传统文化进行彻底的批判和否定。这种思想文化领域的激烈争论和混乱局面，使得中国社会在思想上缺乏统一的认识和方向，难以形成推动现代化进程的强大精神动力。

（四）社会动荡不安，缺乏稳定的发展环境

稳定的社会环境，是国家发展的重要保障，它为经济、政

---

① 吕浦、张振鹍等编译：《黄祸论历史资料选辑》，中国社会科学出版社 1979 年版，第 189 页。

治、文化等各个领域的现代化进程提供发展空间。半殖民地半封建社会的中国，战争频发，阶级矛盾尖锐，社会动荡不安，严重影响了中国的现代化进程。

半殖民地半封建的中国，外无主权、内无发展，既无力对抗外部欺侮，又无力解决国内矛盾，社会动荡不安。首先，战争频发。从1840年到1919年的近八十年间，资本一帝国主义对中国发动的大小侵略战争有一百余次。列强的侵略、封建统治的腐朽等各种问题交织在一起，社会秩序混乱，人民生活困苦。其次，农民起义此起彼伏。在半殖民地半封建社会，封建地主通过高额地租、苛捐杂税和各种强制手段，残酷剥削农民，使得农民生活极度贫困。帝国主义国家商品倾销、经济掠夺，使得农民失去了赖以生存的土地，被迫流离失所。这使得农民阶级与封建地主阶级、帝国主义列强之间的矛盾日益尖锐，农民的反抗情绪不断高涨，太平天国运动、义和团运动等大规模的农民起义和反抗斗争此起彼伏，这些斗争虽然在一定程度上打击了封建统治和帝国主义侵略，但也同时使得社会陷入长期的动荡不安之中。最后，工人罢工时有发生。随着中国民族工业的兴起和外国资本的大量涌入，工人阶级作为中国新兴的阶级力量，在近代中国舞台上发挥了巨大作用。工人阶级遭受着资本家的残酷剥削和压迫，工作时间长、劳动强度大、工资待遇低，且西方列强常常利用其政治、经济特权对中国工人进行压迫，工人的基本生存受到威胁。哪里有压迫，哪里就有反抗，哪里就有斗争。这种残酷的剥削和压迫，使得工人阶级与资产阶级、帝国主义和封建军阀之间的矛盾日益尖锐，工人罢工、示威游行等活动时有发生，进一步加剧了社会的动荡不安。

在半殖民地半封建社会，社会动荡不安在经济、政治及思想文化等方面产生连锁负面效应。经济上，生产停滞、投资萎缩，难以为现代化搭建坚实的经济基础；政治上，政府公信力下降、国际形象受损，难以为现代化提供有力的政治保障；文化上，思想混乱、文化传承受阻，难以为现代化奠定稳固的文化根基。这些负面影响相互交织，形成恶性循环，极大延缓了中国现代化的步伐。

总之，西方殖民主义给中国带来了巨大冲击，但由于旧的封建生产关系异常坚固，导致中国既没有完全沦为西方殖民地，也没有完全跨越到现代资本主义，而是沦为半殖民地半封建社会。在半殖民地半封建社会，中国人奋起自强，抵御外敌，不自觉地开启了现代化进程。中国开启现代化进程是多重矛盾纠缠的结果：殖民扩张与救亡图存的矛盾，资本主义生产方式与自给自足小农生产的矛盾，基督教文化与传统儒家文化的矛盾。多重矛盾交织在一起，导致中国现代化的早期探索异常艰辛。

历史雄辩地证明，在半殖民地半封建社会无法实现现代化。民族独立、人民解放是现代化的前提。民族独立、人民解放，国家才能摆脱外部的控制与压迫，自主地制定发展战略；民族独立、人民解放，国家才能独立自主地发展民族工业，构建完整的产业体系；民族独立、人民解放，国家才能保护和传承本民族文化，自主发展教育事业，培养符合自身需求的人才；民族独立、人民解放，才能激发人民的积极性和创造力，形成强大的社会合力，使全体人民共同投身于现代化建设。因此，中国共产党自成立以来，始终把为中国人民谋幸福、为中华民族谋复兴作为自己的初心使命，为民族独立、人民解放进行了艰苦卓绝的奋斗，带领全国人民历经大革命、土地革命、抗日战争、解放战争最终推翻了帝国主义、封建主义和官僚资本主义三座大山，完成了民族独立、人民解放这一历史任务，彻底结束了旧中国一盘散沙、任人宰割的惨痛局面，彻底结束了近代以来中华民族的屈辱历史，为社会主义现代化奠定了根本的历史前提。

第四章 中国共产党现代化之路的不懈探索

现代化，是人类从传统农业文明向现代工业文明转换的发展历程，是中国人民孜孜以求的理性追求和奋斗目标。习近平总书记指出：“中国共产党 100 多年团结带领中国人民追求民族复兴的历史，也是一部不断探索现代化道路的历史。”① 经过新民主主义革命时期、社会主义革命和建设时期、改革开放和社会主义现代化建设时期的探索，中国共产党带领中国人民终于成功走出了一条中国式现代化道路。

一、新民主主义革命时期的探索

十月革命一声炮响，给中国送来了马克思列宁主义，中国先进知识分子从马克思列宁主义中看到了解决问题的出路，建立起中国共产党，坚定选择通过社会主义道路追求现代化，提出了实现现代化的基本方案，开启了中华民族现代化建设新篇章。

---

① 习近平：《携手同行现代化之路——在中国共产党与世界政党高层对话会上的主旨讲话》，人民出版社 2023 年版，第 5 页。

（一）中国共产党成立初期：探寻出实现中国现代化的新道路

随着马克思主义在中国的广泛传播，以陈独秀、李大钊为主要代表的早期共产主义者将马克思主义基本原理同中国具体国情相结合，把社会主义道路作为实现中国现代化的新道路，开启了中国共产党探索现代化建设的新征程。

1. 确定了实现中国现代化的社会主义道路

近代以来很长一段时间，中国的有识之士认为现代化就是西方化，只有以西方资本主义国家为榜样，中国才有出路。十月革命的胜利，使中国早期先进分子认识到，决定中国命运的不是资本主义道路，而是俄国人的道路，即社会主义道路。李大钊分析世界政治状况和中国经济发展条件后指出，社会主义代表着现代人类进步的新文明，在继承资本主义一切合理地方的基础上，朝着人类社会发展的新方向前进。这一新方向，通过变革生产制度和生产方式，帮助中国普通平民免受资本主义压迫，可使"人人都能安逸享福，过那一种很好的精神和物质生活"[①]。在李大钊看来，中国非走无产阶级社会主义革命的道路不可。陈独秀则从现代化发展的视角认识到了资本主义发展的弊端，阐释了社会主义取代资本主义的客观性。他指出，资本主义"决不能够使多数人'都'得着人的生活"，"代他而起

① 《李大钊全集》第四卷，人民出版社 2013 年版，第 457 页。

的自然是社会主义的生产方法”①。陈独秀认为，中国应该大力发展实业，“如此中国底改革才得的着西洋工业主义的长处，免得他们那样由资本主义造成经济危殆的短处”②，中国才能走上现代化新路。可以看出，在马克思主义传入中国后，早期先进分子及时将所学的马克思主义理论运用于解决中国的出路问题，探索出一条符合中国国情的社会主义现代化新路。

2. 明晰了实现中国现代化的基本方向

早期中国共产党人在探索社会主义道路的过程中认识到，中国社会主义的出路，首先是要通过暴力革命手段，推翻腐朽的封建政权，建立全新的劳动人民政权，然后在新政权的保护下，大力解放和发展生产力，走上现代化道路。在总结俄国革命经验的基础上，陈独秀对中国革命道路及现代化发展作出设想，大致分为三个阶段：第一阶段是进行民主主义斗争，用革命手段“对内完全倾覆封建军阀得着和平与自由，对外促成中国真正的独立”③，这种独立、自由与和平，是无产阶级从幼小走向强大的必经之路。第二阶段是建立无产阶级专政政权。陈独秀认为，在民主斗争胜利后，应该立即建立无产阶级专政的国家，“利用这最大的武器，彻底破坏资产阶级之根底”④。第三阶段是大力发展经济，奠定共产主义社会的物质基础。在陈独

① 《陈独秀文集》第二卷，人民出版社 2013 年版，第 85 页、第 76 页。

② 《陈独秀文集》第二卷，人民出版社 2013 年版，第 67 页。

③ 《陈独秀文集》第二卷，人民出版社 2013 年版，第 268 页。

④ 《陈独秀文集》第二卷，人民出版社 2013 年版，第 410—411 页。

秀看来，共产主义社会的发展，不仅需要无产阶级的专政，更需要用社会主义方式巩固经济基础。在生产方面，要废除资本私有和生产过剩，实行财产公有，产品交换由国家统一调节；在分配方面，废除剩余价值，“不是直接使劳动者全收，也是由国家收取一部分仍间接的用在劳动者身上，决不会变为资本家底私有财产”①。陈独秀关于中国革命道路的认识和规划，意味着早期中国共产党人现代化思想的逐渐丰富，是中国共产党早期探索现代化的重要理论成果。

3. 创建了实现中国现代化的政党组织

政党组织是民主政治的产物，是特定阶级的领导力量，也必然是现代化建设的领导力量。在李大钊看来，随着人类社会的发展，组织的精密程度越来越高，对社会的作用越来越大，越需要团体的组织与训练。中国由于受到几千年的封建专制压迫，缺乏团体组织训练，导致民众的士气低沉，势力弱化，革命运动也无法革新。“所以我们现在还要急急组织一个团体”②，而这个团体只能是平民的劳动家的政党，社会主义的团体，李大钊认为只有依靠这样一个强固精密的组织，并加强其团体训练，中国才能实现大变革。陈独秀也明确表达了建立政党组织的重要作用，他指出，没有组织，没有团体的训练，没有阶级觉悟，就无法与资产阶级作斗争，为此，“除了中国劳动者联合

① 《陈独秀文集》第二卷，人民出版社 2013 年版，第 120 页。
② 《李大钊全集》第三卷，人民出版社 2013 年版，第 350 页。

起来组织革命团体，改变生产制度，是无法挽救的”[①]。基于这样的认知，1921 年 7 月，全国第一次代表大会召开，宣告中国共产党成立，党的一大通过的《中国共产党第一个纲领》规定了党的奋斗目标、指导思想、组织制度，中国现代化事业从此有了坚强的领导核心和组织力量。

（二）土地革命时期：在实践中初步规划现代化建设

大革命失败后，以毛泽东同志为主要代表的中国共产党人带领人民走上了农村包围城市、武装夺取政权的革命道路，并建立起中华苏维埃共和国。中央苏区作为苏维埃运动的大本营，遭到国民党的军事围剿和经济封锁，严重影响了人民群众的生产生活和红军的军事补给。面对这一严峻的经济形势，毛泽东认为，发展革命，必须加强经济建设。为此，中国共产党围绕着农业、工业、商业发展提出一系列新思想，采取了一系列新举措，开始在实践中探索现代化之路。

1. 开展农业生产互助合作运动

中国共产党创办根据地之初，通过土地革命，没收地主土地，极大调动了农民生产积极性。但由于战事频发，农村青壮年参军参战，农村劳动力出现短缺，再加上生产技术落后，耕种农具短缺，农业生产受到极大制约。为了改善这一困境，党和苏维埃政府带领人民创办农业合作社，开展生产互助合作运

① 《陈独秀文集》第二卷，人民出版社 2013 年版，第 88 页。

动。一方面，通过建立帮工组、耕田队等劳动互助形式，缓解劳动力不足的问题。帮工组是在个体所有制不变的情况下，按照自愿互利的原则，组内组员之间以工抵工的一种劳动互助组织，这一组织有效调动起余缺劳动力，保证全体农民按时完成农耕任务，许多地区在帮工组的基础上建立起劳动互助社，并设置村委会，负责调剂全村劳动力，受到农民积极拥护，在中央苏区迅速发展起来。另一方面，通过倡导群众建立耕牛合作社，解决耕牛、农具不足的问题。1931 年底，耕牛合作社在瑞金石水乡率先创办后，得到群众广泛认可，1933 年 4 月，临时中央政府颁布了《关于组织犁牛合作社的训令》，对耕牛合作社组织相关问题作出明确规定，并借助政府信贷支持，集股买牛，补给合作社农具供应。农业互助合作社的开展，在一定程度上打破了以家庭为单位的生产限制，树立起集体劳作观念，对于解决战时农业生产困难，保持农业生产活力起到重要作用。

2. 建立国家工厂“三人团”管理制度

土地革命时期，相较于国统区工厂矿山关停的状况，苏区形成的新式工业，即苏维埃国家工厂开始发展起来。这些工业和工厂的巩固发展，对保证当时革命战争补给作出极大贡献。但部分军事工厂的管理中出现了原材料浪费、质量把关不严、无法按时完成生产计划等问题，究其原因在于国家工厂中没有真正的工厂管理制度，无法科学组织生产。为此，1934 年 3 月，刘少奇在《论国家工厂的管理》一文中提出，必须在国家工厂中建立“三人团”管理制度，具体地说，就是要组成由厂长、党支部书记、工会主任为主的“三人团”来，共同商量讨论工厂的生产计划、质量检验、经济核算、劳动纪律、工资制度以及其他一些问题。“三人团”制度虽然有厂长、党支部书记、工会主任三人协同解决厂内重要事项，但“厂长对于全厂的生产与行政，负有绝对的责任，因此他有权力来决定和支配全厂的一切问题”①，除非在设有政委的工厂，政委参加“三人团”会议时，具有最后决定权。“三人团”制度，是中国共产党对国有企业领导制度的初始探索，帮助苏维埃国家工厂管理走向制度化、规范化。同时，也奠定了党领导国有企业领导的理论与实践基础，内含着丰富的现代企业制度文化。

3. 发展对外贸易

土地革命时期，国民党经济封锁给中央苏区造成了严重困难。搞活苏区物资流通，把根据地商品运输到白区，换回革命战争急需的工业产品，是商业战线的重要任务。毛泽东指出，现在“我们的经济建设的中心是发展农业生产，发展工业生产，发展对外贸易和发展合作社”②。

为了拓展贸易路径，首先，临时中央政府成立了国民经济人民委员部，下设对外贸易总局，并要求各省各县设立国民经

---

① 《建党以来重要文献选编（1921～1949）》（第十一册），中央文献出版社 2011 年版，第 284 页。

② 《毛泽东选集》第一卷，人民出版社 1991 年版，第 130—131 页。

济部及相应部门。对外贸易总局以及地方各分局的成立，使中央苏区自由贸易形式转化为有计划的组织贸易，形成了自上而下的商业贸易网络，便利了同白区的物资交换，缓解了根据地物资紧张的压力。毛泽东明确指出："我们有计划地组织人民的对外贸易，并且由国家直接经营若干项必要的商品流通，例如食盐和布匹的输入，食粮和钨砂的输出……现在是异常重要的了。"① 其次，对白区中与苏区有贸易往来的商人实施"减收半税"的优惠政策，鼓励私营商业开展赤白贸易，保护私营生产者。最后，1933 年 10 月，临时中央政府与福建人民政府签订《反日反蒋的初步协定》，规定双方坚持互助合作原则，恢复输出输入之商品贸易，开辟通商出路。11 月，双方又签订《闽西边界及交通条约》，规定恢复两地交通，实行自由贸易。此外，中央临时政府还通过招引私人资本投资、聘请白区高级技术人才等方式积极开展对外贸易工作。到 1933 年，"对外出口"贸易额达 1200 万元以上，部分地缓解了根据地的经济困难。毛泽东指出："由于对外贸易局等机关的设立，已经得到初步的成绩。"② 总之，上述措施不仅大力发展了苏区经济，为战争提供物质支援，而且还改善了人民群众生活水平，巩固了新生政权。这就是说，在当时的特殊条件下，它对打破国民党的封锁，保护和发展革命力量起到

---

① 《毛泽东选集》第一卷，人民出版社 1991 年版，第 133 页。

② 《毛泽东选集》第一卷，人民出版社 1991 年版，第 133 页。

了不容忽视的作用[1]，也为现代化商业贸易发展提供经验借鉴。

（三）抗日战争时期：孕育了中国现代化理论的思想因子

20 世纪 30 年代，日本帝国主义对中国发起疯狂进攻，使中国原有的现代化进程的探索难以为继。但是，这一时期，新的现代化因素也在不断增加。新民主主义革命理论第一次较为系统地阐释了中国现代化理论，从政治、经济、文化等方面探讨了中国现代化原初的基因图谱，为丰富和发展中国式现代化理论内涵提供了思想根基。

第一，关于政治现代化的思想因子。独立、自由、民主、统一是抗日战争时期中国共产党现代化建设的政治目标和政治表达。1938 年，毛泽东指出，未来的中国是一个自由平等的国家，“在这个国家内，有一个独立的民主的政府，有一个代表人民的国会，有一个适合人民要求的宪法”[2]。这种设想，体现了中国共产党对民主政治的期待，对民主政治制度的设计。抗日战争时期，为适应抗战新形势，中国共产党不仅与国民党再次合作，建立起抗日民族统一战线，而且主张建立一个统一的民主共和国，这些都为实行民主政治创造了有利条件。在“统一的民主共和国”口号的引领下和中国共产党的要求下，国民党进行了政治改革，于 1938 年制定了《抗战建国纲领》，提出要建

---

① 张维克、林建华：《新民主主义革命时期毛泽东的对外开放思想初探》，《聊城师范学院学报》1993 年第 4 期。

② 《建党以来重要文献选编（1921～1949）》（第十五册），中央文献出版社 2011 年版，第 481 页。

立国民参政机关，为宪政做准备。虽然这一纲领还有许多待完善之处，但就“建国”而言，是民主政治思想的渗透和民主政治建设的良好开端。此外，共产党指导根据地进行民主政权建设，实行的“三三制”原则、建立的民主选举制度，都昭示着一种新型的政治形态在中国社会发展壮大。从本质来看，这也是政治现代化思想的雏形。

第二，关于经济现代化的思想因子。抗日战争时期，以毛泽东同志为主要代表的中国共产党人通过深入分析中国社会结构和社会性质，系统论述了新民主主义经济思想，涵盖了丰富的经济现代化因素。一是形成了新民主主义经济构成的基本框架。认为新民主主义经济由国营经济、合作社经济、私营经济组成，但要采用以国营经济为领导，私营经济为主体，多种经济形式并存的结构方式，突出了国民经济的重要地位和作用。二是明确了新民主主义条件下资本主义的发展问题。毛泽东强调，在半殖民地半封建社会的中国，没有小资产阶级和中等资产阶级的协助，建立社会主义社会只能是空想。为此，“对于这些阶级，必须坚决地毫不犹豫地给以保护”①。三是初步形成了“工业化”思想。工业是新民主主义社会的根基。毛泽东指出，打倒日本帝国主义，实现民族独立，必须发展独立的工业，实现工业化，未来新社会的发展也离不开工业，我们要“在若干

① 《建党以来重要文献选编（1921～1949）》（第二十四册），中央文献出版社2011年版，第534页。

年内逐步地建立重工业和轻工业，使中国由农业国变为工业国”①。四是明确了“发展经济、繁荣经济、公私兼顾、劳资两利”的新民主主义经济总目标。其中，公私兼顾、劳资两利思想都是现代化经济发展的鲜明主张。

第三，关于文化现代化的思想因子。在《新民主主义论》中，根据中国基本国情，毛泽东分析了新民主主义革命的性质和前途，指出了新民主主义文化就是“民族的科学的大众的文化”“就是人民大众反帝反封建的文化”“就是中华民族的新文化”。② 毛泽东关于新民主主义文化的主张，建立在马克思主义思想指导下，是新民主主义政治经济在观念形态上的反映，更加注重民主自由与独立。强调民族的，意味着是反对帝国主义的文化；强调科学的，意味着是主张实事求是的文化；强调大众的，意味着是代表大多数人民利益的文化。从现代化发展视角来看，文化是一种观念，没有观念意识的转变，无法建立一个全新社会。毛泽东提出的新民主主义文化，就是一种服务于新民主主义政治、经济的观念意识和价值理念，勾画出新社会的新风尚和新变迁，而这就是中国式现代化的文化因子。

（四）解放战争时期：提出了新中国现代化建设的战略构想

面对解放战争在全国胜利进程的不可阻挡之势，中国共产党人开始深入思考如何改变旧的社会经济形态、旧的生产关系

---

① 《建党以来重要文献选编（1921～1949）》（第二十二册），中央文献出版社2011年版，第176页。

② 《毛泽东选集》第二卷，人民出版社1991年版，第708—709页。

以及树立在其上面的一切社会的、政治的、精神的旧的建筑物，建立新的社会经济形态、新的生产关系以及竖立在其上面的一切社会的、政治的、精神的新的建筑物等问题，以高度历史自觉探索新中国的历史定位以及现代化建设。

第一，新中国现代化必须建立人民民主专政的共和国。现代化视野下的国家，不仅是一个主权独立的民族国家，更是一个主权在民的民主国家。“人民民主专政”这一概念，最先在1948年6月中共中央宣传部《关于重印〈左派幼稚病〉第二章前言》的通知中出现。1948年9月，毛泽东在西柏坡中央政治局会议上指出：“我们政权的阶级性是这样：无产阶级领导的，以工农联盟为基础，但不是仅仅工农，还有资产阶级民主分子参加的人民民主专政。”① 这就阐明了新中国采用的这一现代国家的政权形式。1949年6月，毛泽东发表《论人民民主专政》，从马克思主义国家学说的高度具体论述了人民民主专政的阶级基础、领导力量、科学内涵、主要内容等重要问题。人民民主专政共和国是民主和专政统一的共和国，是对人民内部各阶级、各阶层实行的广泛的民主，是在继承马克思主义关于无产阶级专政学说的基础上，根据中国实际情况创造的一种新型的专政形式，是按照现代国家的标准、制度对新中国国家政权绘制的蓝图，其建立的国家政权也必然是现代国家政权。

第二，新中国现代化必须着眼于实现国家工业化。从世界

---

① 《建党以来重要文献选编（1921～1949）》（第二十五册），中央文献出版社2011年版，第446页。

发展历程来看，现代化的进步，离不开以机器生产为标志的工业化发展。然而，到解放战争时期，我国现代化工业只有百分之十左右且聚集在城市，而剩下的百分之九十依旧是分散的个体经济和手工业经济。在历史转折时期，党中央及时调整工作重心和工作任务，明确提出，革命胜利后我们的目标是要“迅速地恢复和发展生产，对付国外的帝国主义，使中国稳步地由农业国转变为工业国，由新民主主义国家转变为社会主义国家”①。在确立社会主义工业化建设目标后，以毛泽东同志为主要代表的中国共产党人根据革命根据地经济建设经验，对工业现代化建设途径作出进一步探索，提出要在保持官僚资本企业原有组织机构、福利政策、运行模式基础上，对其进行没收，建立起掌握国家经济命脉的国营经济，为新中国工业化建设准备主导力量；要充分合理利用资本主义经济，适当保护民族工商业，为新中国工业化建设积累必备的资金与技术支撑；要坚持公私兼顾、劳资两利、城乡互助、内外交流的“四面八方”政策，理顺各方关系，为新中国工业化建设创造一个良好的环境；要重视和培养企业管理干部以及技术人才，为新中国工业化建设储备一批懂技术、善管理的优秀人才。这一时期对工业化建设的创造性探索，为日后工业现代化建设起到了深刻的启迪作用。

第三，新中国现代化必须开辟党的建设新局面。随着解放

---

① 《建党以来重要文献选编（1921～1949）》（第二十六册），中央文献出版社2011年版，第210—211页。

战争的决定性胜利，中国共产党即将实现从局部执政向全面执政的地位转变。为此，党中央在继承革命优良传统和作风的基础上，积极探索新中国的执政方略，努力加强自身建设。为进一步增强党中央对各解放区的集中统一领导，1948 年 9 月召开的第一次政治局扩大会议通过了《关于各中央局、分局、军区、军委分会及前委会向中央请示报告制度的决议》，决议就报告时间、报告范围、报告责任人、报告内容等细节作出详细规定。请示报告制度的建立，将党的领导贯穿于跨区域事项以及地方各级党组织重要事项的全过程，使全党统一思想、统一意志、统一行动，进一步维护了党中央权威。为了解决农村基层党组织中存在的思想不纯、作风不纯、组织不纯等突出问题，1947 年，党中央作出结合土改进行整党的决定，通过开展“三查”（查阶级、查思想、查作风）、“三整”（整顿组织、整顿思想、整顿作风）运动，在党内开展批评与自我批评，并将党的会议和群众会议相结合，积极发挥群众监督作用。作为党的历史上第一次以基层组织为重点的开门整党，此次整党运动进一步增强了党的先进性和纯洁性，为党的自我革命提供了丰富的经验。为了使全体党员经受住糖衣炮弹的袭击，在错综复杂的环境中保持昂扬斗志，毛泽东在党的七届二中全会上发出了“两个务必”的号召，强调要“务必使同志们继续地保持谦虚、谨慎、不骄、不躁的作风，务必使同志们继续地保持艰苦奋斗的作风”①。“两个务必”以高度的历史自觉，改善党的革命作风，提

① 《毛泽东选集》第四卷，人民出版社 1991 年版，第 1438—1439 页。

振党的精神风貌，为跳出治乱兴衰的历史周期率进一步指明了方向，为现代化政党建设指明了道路。

二、社会主义革命和建设时期的探索

1949 年中华人民共和国成立，围绕着如何开辟一条社会主义现代化道路，开展社会主义现代化建设等重大问题，以毛泽东同志为主要代表的中国共产党人将马克思主义基本原理同中国具体实际相结合，孜孜以求地进行深入探索。

（一）完成奠定现代化基础的社会主义改造

中国社会主义现代化建设，是在社会主义制度基础上形成发展起来的。没有新中国成立初期的社会主义改造，就没有中国社会主义现代化建设。对此，毛泽东独具慧眼地提出了过渡时期的总路线和总任务，指出“是要在一个相当长的时期内，逐步实现国家的社会主义工业化，并逐步实现国家对农业、对手工业、对资本主义工商业的社会主义改造”①。在过渡时期总路线的指导下，从 1952 年下半年到 1956 年，社会主义改造基本完成，农业、手工业个体所有制基本上转变成为劳动群众集体所有的公有制，资本主义私有制基本上转变成国家所有即全民所有的公有制，中国这个占世界四分之一的东方大国成功实现了历史上最伟大的社会变革。社会主义改造的完成，使中国实现了从新民主主义社会向社会主义社会的转变，不仅是对马克

① 《建国以来重要文献选编》（第五册），中央文献出版社 1993 年版，第 82 页。

思主义关于生产资料所有制理论的创新发展，而且开辟出一条独具中国特色和中国经验的社会主义现代化建设道路，为中国现代化发展奠定了基础。

第一，明确了社会主义的发展方向，为现代化建设奠定了道路基础。道路问题是中国现代化发展乃至民族复兴的基本问题。新中国成立后，中国将走什么样的路，将何去何从，是以毛泽东为主要代表的共产党人一直在思考的问题。在 1949 年 3 月召开的七届二中全会上，毛泽东确定了社会主义的发展方向，并指出："在革命胜利以后，迅速地恢复和发展生产，对付国外的帝国主义，使中国稳步地由农业国转变为工业国，把中国建设成一个伟大的社会主义国家。"① 在毛泽东看来，新中国成立后建立的新民主主义社会是一个过渡性质的社会阶段，待各种条件都具备后，"就可以从容地和妥善地走进社会主义的新时期"②。经过新中国成立以来的三年的努力和发展，中国共产党带领全国人民没收官僚资本，集中力量恢复国民经济；完成了土地革命，开展了"三反""五反"运动，荡涤了旧社会留下的污泥浊水，实现了国民经济状况的好转和快速发展，创造了相对稳定和谐的社会局面。同时，中国人民志愿军与朝鲜人民军队并肩作战，赢得抗美援朝战争的胜利，新中国在国际舞台上站稳了脚跟。在过渡条件和时机都已成熟的基础上，1952 年 9

① 《建党以来重要文献选编（1921～1949）》（第二十六册），中央文献出版社 2011 年版，第 169 页。

② 《建国以来重要文献选编》（第四册），中央文献出版社 1993 年版，第 498 页。

月，毛泽东在中央书记处会议上初步提出了向社会主义过渡的思想，在他看来："我们现在就要开始用十年到十五年的时间基本上完成到社会主义的过渡。"① 1953 年 2 月，毛泽东在调研武汉市公私合营情况后，提出了工业化建设和社会主义改造并举的改造方法。经过深思熟虑、反复酝酿，6 月 15 日，毛泽东在中央政治局会议上首次提出过渡时期总路线基本内容；8 月 11 日，第一次对总路线作出较为完整的文字表述；12 月，过渡时期总路线被载入正式文件。过渡时期总路线的提出，不仅以苏为鉴，从中国实际国情出发，明确了社会主义的发展方向，而且为中国特色社会主义道路的开创提供了宝贵经验，为中国现代化建设奠定了坚实的道路基础。

第二，建立了社会主义生产资料所有制，为现代化建设奠定了制度基础。走中国式现代化道路必须以社会主义制度为基石。社会主义制度作为一种新的制度，要想完全确立并得以巩固，根本办法就是建立社会主义公有制的经济基础。毛泽东指出："只有完成了由生产资料的私人所有制到社会主义所有制的过渡，才利于社会生产力的迅速向前发展。"② 为顺利实现这一目标，社会主义改造探索出一系列独具中国特色的改造方法。在农业方面，遵循自愿互利、典型示范和国家帮助的原则，经历了互助组、初级社、高级社三个阶段后，完成了农民个体所

① 《毛泽东年谱（一九四九——一九七六）》第一卷，中央文献出版社 2013 年版，第 603 页。

② 《毛泽东文集》第六卷，人民出版社 1999 年版，第 316 页。

有制到社会主义集体所有制的转变。在手工业方面，采取了“积极领导、稳步前进”的方针，通过建立手工业供销小组、手工业供销合作社、手工业生产合作社三个步骤，把手工业者私有制转变为社会主义的集体所有制。在资本主义工商业方面，采用和平赎买政策，通过从低级到高级的国家资本主义的过渡形式，实现个别行业乃至全行业的公私合营，把资本主义工商业者改造为自食其力的劳动者。到 1956 年底，社会主义改造基本完成，中国这个占世界四分之一的东方大国成功实现了历史上最伟大的社会变革，社会主义基本制度确立起来。社会主义制度的确立，消灭了在中国延续几千年的封建剥削制度，使人民成为社会生产资料的主人，使集中力量办大事变成现实，为实现共同富裕和中国式现代化发展提供了制度保障。

第三，解放和发展了生产力，为现代化建设奠定了经济基础。中国现代化建设必须以经济基础为支撑。社会主义改造的顺利完成，极大解放和发展了生产力，不仅建立起较为完整的国民经济体系，而且促进了社会主义工业和农业的快速发展，极大改善和提高了人民的生活水平。就国民经济结构而言，国营经济所占比重从 1952 年的 19.1%上升至 1957 年的 33.2%①，合作社经济和公私合营经济不断增长，个体经济比重逐步下降，公有制为主体的国民经济体系基本建构起来，对社会主义生产力发展起到强有力的推动作用。就社会主义工业和农业而言，

① 国家统计局：《伟大的十年：中华人民共和国经济和文化建设成就的统计》，人民出版社 1959 年版，第 36 页。

从 1952 年到 1957 年，工农业总产值增长 560.2 亿元，其中，农业总产值从 1952 年的 483.9 亿元增长到 1957 年的 603.5 亿元，手工业总产值从 1952 年的 73.1 亿元增长到 1957 年的 133.7 亿元，工业总产值从 1952 年的 343.3 亿元增长到 1957 年的 783.9 亿元①，增长幅度之大，增长率之高，不能不归功于社会主义改造。此外，生产力的解放带来的人口自然增长率提高，人均寿命延长，高等教育人数增长等红利，为社会主义现代化建设过程中生产力的进一步发展提供了人口数量和质量支撑。

（二）探索适合国情的社会主义工业化道路

工业化，是中国现代化的目标与追求，是中国现代化的题中之义。新中国成立初期，中国“一穷二白”，毛泽东描述道：“现在我们能造什么？能造桌子椅子，能造茶碗茶壶，能种粮食，还能磨成面粉，还能造纸，但是，一辆汽车、一架飞机、一辆坦克、一辆拖拉机都不能造。”② 为了尽快摆脱这种经济落后状态，以毛泽东同志为主要代表的中国共产党人对中国工业化道路进行了艰辛探索，经历了从效仿到创新、从急速到稳健等阶段，终于走出了一条符合中国国情的社会主义工业化道路。

第一阶段：新民主主义工业化道路。新民主主义工业化道路是社会主义工业化道路的基础和积淀。早在延安时期，毛泽

① 国家统计局：《伟大的十年：中华人民共和国经济和文化建设成就的统计》，人民出版社 1959 年版，第 14 页。

② 《毛泽东文集》第六卷，人民出版社 1999 年版，第 329 页。

东就指出，“我们将来的责任，就是要把中国由农业国变成工业国”①。1949年9月制定的《中国人民政治协商会议共同纲领》，以国家大法的形式将这一道路最终确定下来。新民主主义工业化道路建立在新中国成立初期恢复和发展国民经济、尽快实现向社会主义过渡的总体战略规划背景下，在具体实践过程中，分为四个步骤：第一步是在恢复国民经济的基础上，鼓励已有生产资料但无法独立生产的工厂尽最大努力实现独立生产；第二步是集中力量发展农业和轻工业，并建立必备的国防工业；第三步是调动一切人力、物力、财力发展重工业；第四步是在重工业快速发展的基础上，加强轻工业建设，实现农业生产机械化。之所以按照这样的顺序发展工业，是因为新中国成立初期，国家积贫积弱，只有优先发展农业、轻工业，才能保障好人民的基本生产生活，积累资本，最大限度地集中资金和力量开展重工业建设。为此，党中央积极保护私有工业，鼓励发展地方工业，并强调，私有工业的存在与发展，“对工人阶级的好处多，坏处少”②。在新民主主义工业路线的引领下，我国工业发展得以复苏，1952年工业总产值为349亿元，比1949年增长近1.5倍，年均增长速度为49.8%，超过旧中国的最高水平③。

---

① 《建党以来重要文献选编（1921～1949）》（第二十一册），中央文献出版社2011年版，第260页。

② 《刘少奇年谱（一八九八——一九六九）》（下卷），中央文献出版社1996年版，第201页。

③ 《中华人民共和国简史》，人民出版社、当代中国出版社2021年版，第43—44页。

其中，国营工业、合作社工业、公私合营工业作为我国工业前途命运的主导者，发展速度更为迅速，为社会主义工业筑牢根基。

第二阶段：苏联式工业化道路。新中国成立后，面对美国和苏联对峙的国际格局，“一边倒”不仅是我国的外交策略，而且也是我国工业发展道路面临的现实选择。因为苏联不仅有意愿、也有能力给我国工业建设提供各种技术、设备、人才支援。在这一思想主导下，中国共产党人号召要“以苏为师”，从 1953 年至 1957 年，我国制定实施了第一个五年计划，走上了苏联式工业化道路。优先发展重工业是苏联工业发展的主要特征，“一五”计划的制定以及“156 项工程”的实施就是效仿了苏联这种工业发展模式，集中精力优先发展军事、冶金、机械、能源等重工业产业，形成了以鞍山、武汉、包头三座大型钢铁企业为核心的重工业基地，改善了工业发展结构体系，增强了工业建设自力更生能力。李富春指出：“只有重工业，才能供给我国轻工业和交通运输业以最新式的装备。只有重工业，才能供给我国农业以拖拉机和其他农业机器，并帮助我国五亿农民最终地脱离贫穷状态。只有重工业，才能供给我国武装部队以最新式的装备，增强国防力量。也只有在重工业发展的基础上，才能逐步提高我国劳动人民的物质和文化生活水平。”① 到 1957 年底，“一五”计划各项指标都超额完成，我国已经能够运用自己制造的材料设备发展工业，加强国防建设，初步建立起比较完

① 《建国以来重要文献选编》（第六册），中央文献出版社 1993 年版，第 112 页。

整的基础工业体系和国防工业体系。

第三阶段："超英赶美"型工业化道路。1956 年苏共二十大之后，中国开始解放思想，从"以苏为师"转变为"以苏为鉴"，在工业化道路的探索上呈现出鲜明的主体自觉意识，开始系统地思考中国工业化建设的"现代化"走向，但与此同时，也存在着浓厚的急速赶超思维。1957 年 11 月，毛泽东在莫斯科会议上提到："再过十五年，苏联能超过美国，中国有可能超过英国。"① 同年，毛泽东还说："我们要好好干五十年，把工业建起来，要有美国那样多的钢铁。"② 就本质而言，"超英赶美"的工业建设战略，一方面是想通过政治动员、精神鼓舞推进社会主义工业化建设快速发展，另一方面是想通过技术革命走出一条有别于苏联模式的，独具中国特色的工业化道路。为了达成赶超目的，中国共产党提出了全民办工业、各级办工业、全党办工业的思路方法，强调自力更生、因地制宜，要求以小型工业规模为主，中小结合；以土办法为主，土洋并举；要把骨干企业和群众企业结合起来。"超英赶美"型工业化道路，虽然富有长远战略构想，在重工业发展领域取得重大成就，但是，这种不切实际的战略思维也导致"计划指标过高、基本建设规模过大以及由此而引起的国民经济各部门比例关系不协调的问

---

① 《毛泽东年谱（一九四九——一九七六）》第三卷，中央文献出版社 2013 年版，第 237 页。

② 《毛泽东年谱（一九四九——一九七六）》第三卷，中央文献出版社 2013 年版，第 146 页。

题”①。

第四阶段：稳健型工业化道路。为了缓解“超英赶美”型工业化道路对国家经济发展和社会稳定造成的负面影响，党中央进行了工业大调整，开启了以吃穿用为基本保障，以农业为基础，以工业为主导的稳健型工业化发展道路。首先，工业发展采取收紧政策，对于投入高、产值低的农村社办工业和城市公社工业一律停办，对于省、自治区、直辖市和中央直属的工业企业，“按行业统一排队调整，该关闭、合并、缩小、改变任务的坚决关闭、合并、缩小和改变任务”②，极大地精简了工业结构，优化了各领域各行业工业生产职能。一方面，突出强调农业的基础地位，认为“决定工业发展的，首先是农业能够提供多少商品粮食供给非农业人口吃饭，能够提供多少工业原料，能够提供多少劳动力，以及有多少购买力购买工业品”③。另一方面，按照农业、轻工业、重工业的先后顺序合理安排经济生产生活，而且还在生产资料、劳动力投入、资金分配等方面，优先考虑农业。稳健型工业发展道路，在很大程度上缓解了急速赶超型工业发展道路造成的产业结构不协调、产业动力不足等问题，使国民经济发展和国家工业发展基本回归到正常轨道，为社会主义工业现代化发展积累了丰富的理论资源和实践资源。

---

① 《建国以来重要文献选编》（第十五册），中央文献出版社 1997 年版，第 276 页。

② 《建国以来重要文献选编》（第十五册），中央文献出版社 1997 年版，第 465—466 页。

③ 《建国以来重要文献选编》（第十三册），中央文献出版社 1996 年版，第 710 页。

（三）擘画“四个现代化”战略蓝图

1. “四个现代化”，是我国社会主义建设的战略目标

早在新民主主义革命时期就已经有了雏形。新中国成立后，以毛泽东同志为主要代表的中国共产党人高瞻远瞩，共同擘画了“四个现代化”的战略蓝图。这一蓝图，实际上就是实现民族复兴伟业的社会主义现代化蓝图。

“四个现代化”蓝图的初始规划。中华人民共和国成立后，作为新中国经济建设的领导者，周恩来较早提出了“现代化”概念并多次使用。在“一五”计划实施之初，周恩来就意识到仅把工业化作为现代化发展的目标是远远不够的。在他看来，国民经济的发展必须是全面协调的发展，国家不仅要集中力量发展重工业，还应该在农业、交通运输、国防工业方面给予适当投资。这是因为，农业是基础，“必须随时注意粮食问题，不能忽视”；“交通运输是建设中的一种先行部门，不发展交通运输业，工业也就无法有大的发展”；“国防工业是要在重工业的基础上发展的”①。正是有了这些思想基础，1954 年 9 月，周恩来在新中国第一届全国人民代表大会第一次会议上作政府工作报告时，第一次明确提出“四个现代化”思想，即要建设起“强大的现代化的工业、现代化的农业、现代化的交通运输业和现代化的国防”②。“四个现代化”的提出，不仅是因为这一全新

---

① 《建国以来重要文献选编》（第四册），中央文献出版社 1993 年版，第 354 页。

② 《建国以来重要文献选编》（第五册），中央文献出版社 1993 年版，第 584 页。

的概念让人耳目一新，更重要的是描绘出社会主义未来发展的初始蓝图。这个振奋人心的初始蓝图很快为全党所接受，并于1956年被载入党的八大党章。党的八大通过的党章在总纲中明确指出："中国共产党的任务，就是有计划地发展国民经济，尽可能迅速地实现国家工业化，有系统有步骤地进行国民经济的技术改造，使中国具有强大的现代化的工业、现代化的农业、现代化的交通运输业和现代化的国防。"① 尽管当时"四个现代化"还不是我国社会主义现代化建设的战略目标，但是"四个现代化"的初始蓝图突出对社会主义物质文明建设的要求，为把我国建设成社会主义现代化工业强国奠定了坚实的物质基础。

2. "四个现代化"内容的发展完善

周恩来提出的"四个现代化"内容有别于现在"四个现代化"的内容，主要区别在于不再把交通运输业单独作为"四个现代化"内容之一。对此，周恩来的解释是，交通运输现代化囊括在工业现代化之中，不再单独列出。在此基础上，毛泽东也不断思考如何把"四个现代化"蓝图擘画得更加宏伟壮观。现代科学文化是精神文明建设的重要组成部分，也是提高国民整体素质的必然要求。1957年3月，毛泽东在全国宣传工作会议上对现代化内涵和内容给出新的阐释，提出要"建设一个具有现代工业、现代农业和现代科学文化的社会主义国家"②。

---

① 《建国以来重要文献选编》（第九册），中央文献出版社1994年版，第315—316页。

② 《建国以来重要文献选编》（第十册），中央文献出版社1994年版，第111页。

1959 年末到 1960 年初，面对空前复杂严峻的国际国内形势，毛泽东进一步充实了“四个现代化”的内容，指出：“建设社会主义，原来要求是工业现代化，农业现代化，科学文化现代化，现在要加上国防现代化。”[①] 这是毛泽东第一次比较完整地提出“四个现代化”。周恩来后来在与相关部门研究编制第三个五年计划时，都以这“四个现代化”为战略目标。但是，在领导国民经济建设实践的过程中，周恩来逐渐意识到科学技术现代化对于农业、工业和国防建设的重要作用，认为只有掌握了先进的科学技术，才能拥有强大的国防实力和经济实力。为此，1963 年 1 月，周恩来将“科学文化现代化”修改为“科学技术现代化”，并强调，实现科学技术现代化不是一日之功，要秉持实事求是、循序渐进、相互促进、迎头赶上的科学态度和雄心壮志。1964 年 12 月，周恩来在第三届全国人大第一次会议上作了政府工作报告，报告总结概括了我国在农业、工业、文化等方面取得的辉煌成就，并宣布了今后国民经济发展的总体任务，“就是要在不太长的历史时期内，把我国建设成为一个具有现代农业、现代工业、现代国防和现代科学技术的社会主义强国，赶上和超过世界先进水平”[②]。这就完整规范地描述了“四个现代化”战略蓝图。

3. “四个现代化”目标的实践远景

从本质上来看，“四个现代化”的战略目标就是社会主义现

① 《毛泽东文集》第八卷，人民出版社 1999 年版，第 116 页。

② 《建国以来重要文献选编》（第十九册），中央文献出版社 1998 年版，第 483 页。

代化建设的远景蓝图。早在 1954 年，毛泽东就提出，我们是为建设一个强大的社会主义国家而奋斗。这个过程，“大概经过五十年即十个五年计划，就像个样子了，就同现在大不一样了”①。在 1956 年党的八大期间，毛泽东再次指出，要把我国建成富强的国家，需要五十到一百年的时间。在 1962 年七千人大会上，毛泽东又提出，按照中国人口多、底子薄，经济发展落后的现状来看，生产力发展较为困难。他明确提出：“要赶上和超过世界上最先进的资本主义国家，没有一百多年的时间，我看是不行的。”② 毛泽东关于中国社会主义建设的远景时间规划是实事求是，符合实际国情的。对于如何实现这一宏伟愿景，在 1964 年召开的第三届全国人民代表大会第一次会议上，周恩来提出了“两步走”的战略构想，即从“三五”计划开始，我国经济发展可分为两步来走：第一步，建立一个相对独立完整的国民经济体系和工业体系，这一阶段大概需要三个五年计划，十五年的时间；第二步，全面实现中国在农业、工业、国防、科技领域的现代化，使我国经济走在世界前列。1975 年，周恩来在四届全国人大一次会议的政府工作报告中再次重申了“两步走”的战略安排，明确了以五年、十年、十五年阶段性推进社会主义现代化建设的战略构想，充分彰显出中国共产党人现代化战略建设的科学性、系统性，为改革开放以来中国特色社会主义现代化发展战略的规划提供了宝贵经验。迄今，现行的

---

① 《建国以来重要文献选编》（第五册），中央文献出版社 1993 年版，第 292 页。

② 《建国以来重要文献选编》（第十五册），中央文献出版社 1997 年版，第 127 页。

《中华人民共和国宪法》依然载明："逐步实现工业、农业、国防和科学技术的现代化。"

三、改革开放和社会主义现代化建设时期的探索

1978年召开的党的十一届三中全会作出了改革开放的历史性决策，开启了改革开放和社会主义现代化建设的新征程。在这一时期，中国实行对内改革、对外开放的政策，国民收入大幅度增长，城市改革等也取得了显著进展，中国发生了巨大的变化，为中国式现代化的推进与建设提供了有力保障。同时，这一时期也是中国特色社会主义不断发展和完善的时期，为中国的未来发展奠定了坚实基础。这一时期的探索，不仅深刻改变了中国的面貌，也深刻影响了世界。

（一）改革开放开启与中国式的现代化提出

1978年，《实践是检验真理的唯一标准》在《光明日报》发表，引发了关于真理标准问题的大讨论。这场讨论打破了"两个凡是"的思想禁锢，为改革开放奠定了思想基础。1978年12月，党的十一届三中全会召开。会议决定停止使用"以阶级斗争为纲"的口号，将党和国家的工作中心转移到经济建设上来，实行改革开放，这次会议标志着中国进入了一个全新的历史时期，为改革开放奠定了坚实的思想基础。

1979年3月21日，在会见英中文化协会执行委员会代表团时，邓小平明确指出"我们定的目标是在本世纪末实现四个现

代化。我们的概念与西方不同，我姑且用个新说法，叫做中国式的四个现代化”，首次提出了“中国式的四个现代化”概念。3月23日，邓小平在中央政治局会议上发表讲话时说：“我同外国人谈话，用了一个新名词：中国式的现代化。”在这里，第一次正式提出中国式的现代化命题。3月30日，在党的理论工作务虚会上，邓小平再次指出：“过去搞民主革命，要适合中国情况，走毛泽东同志开辟的农村包围城市的道路。现在搞建设，也要适合中国情况，走出一条中国式的现代化道路。……中国式的现代化，必须从中国的特点出发。”① 这就强调了中国式的现代化要符合中国国情，具有中国特色。

随着实践与认识的深化，邓小平给中国式的现代化概念起了一个新名称：“小康”。1979年12月，在会见日本首相大平正芳时，曾参加过日本经济发展战略设计的大平首相提出：“中国根据自己的独立立场提出了宏伟的现代化规划，要把中国建设成伟大的社会主义国家。中国将来会是什么样的情况呢？整个现代化蓝图是如何构想的？”对此，邓小平的回答是：“我们要实现的四个现代化，是中国式的四个现代化。我们的四个现代化的概念，不是像你们那样的现代化的概念，而是‘小康之家’。”② 明确把中国要实现的现代化定位为中国式的现代化，源于中国与西方国家生产力发展水平方面的差异，更重要的在于我们党的性质宗旨和社会主义制度使然。这也为我们今天提出

① 《邓小平文选》第二卷，人民出版社1994年版，第163—164页。

② 《邓小平文选》第二卷，人民出版社1994年版，第237页。

的"中国式现代化"的内涵奠定了坚实的理论基础。中国式现代化既有各国现代化的共同特征，更有基于自己国情的中国特色的原因之所在。

（二）中国式的现代化战略构想

改革开放后，随着对国情认识的深化，尤其是在访问美国、日本、新加坡等国后，感受到了发达国家的发展成就，我们越来越清醒地认识到，用 20 多年时间全面实现四个现代化是不切实际的，我们开始探索实现中国式的现代化的具体战略构想与基本方案。

1981 年五届全国人大四次会议将小康水平规定为中国经济发展的前景。1982 年 9 月，党的十二大报告将小康水平作为全党全国人民到 20 世纪末的战略目标正式提出和确定下来。这为后续的"四个现代化"的建设与发展以及中国特色社会主义制度的确立与完善指明了方向。

1986 年 6 月，邓小平在会见马里总统特拉奥雷时指出，到 20 世纪末，我们的目标是人均国民生产总值达到 800 到 1000 美元，实现小康社会；21 世纪再花 30 年至 50 年时间，就可以接近发达国家水平。同年 10 月，他在会见日中友好协会代表团时指出，中国式的现代化发展战略目标，第一步摆脱贫困状态，实现小康；第二步再花 30 年到 50 年时间，再翻两番，达到人均国民生产总值 4000 美元。那时中国人口估计是 15 亿，国民生产总值 6 万亿元，那就意味着中国是中等发达国家，总的国家力量并不弱了。

1987 年 4 月，邓小平在会见西班牙政府副首相格拉时，首次正式提出分三步走实现现代化的发展战略。他指出：我们原定的目标是，第一步在 80 年代翻一番。以 1980 年为基数，当时国民生产总值人均只有 250 美元，翻一番，达到 500 美元。第二步是到本世纪末，再翻一番，人均达到 1000 美元，实现这个目标意味着我们进入小康社会。第三步是在下世纪用 30 到 50 年再翻两番，大体上达到人均 4000 美元。做到这一步，中国就达到中等发达的水平。同年 10 月，党的十三大报告首次使用“中华民族伟大复兴”概念，并正式提出“三步走”战略：第一步，到 1990 年，实现国民生产总值比 1980 年翻一番的目标，解决人民的温饱问题；第二步，到 20 世纪末，实现国民生产总值再增长一倍的目标，人民生活达到小康水平；第三步，到 21 世纪中叶，实现人均国民生产总值达到中等发达国家水平，人民生活比较富裕，基本实现现代化的目标。“三步起”战略清晰地展示了中国式的现代化推进与建设的时间表和路线图，也为实现中华民族伟大复兴描绘了宏伟蓝图。

1997 年 9 月，党的十五大报告提出了“两个一百年”的奋斗目标：到建党 100 年时，建设惠及十几亿人口的更高水平的小康社会，然后再奋斗 30 年，到新中国成立 100 年时，基本实现现代化，把我国建成社会主义现代化国家。

这一阶段，围绕着“四个现代化”的建设，明确提出了“中国式的现代化”，并通过确定中国特色社会主义制度，进一步明确经济、政治、文化、社会等各领域的发展方向、重点工作与任务，也为中国式现代化的推进提供了充分保障与依据。

（三）中国式的现代化战略实践

第一，市场化改革

1982年9月，邓小平在党的十二大开幕词中鲜明提出“建设有中国特色的社会主义”命题，指出必须从中国的实际出发，走自己的道路。这一命题为后续的经济体制改革指明了方向。

1992年，邓小平视察武昌、深圳、珠海、上海等地并发表谈话，强调“计划多一点还是市场多一点，不是社会主义与资本主义的本质区别”，“社会主义的本质是解放生产力，发展生产力，消灭剥削，消除两极分化，最终达到共同富裕”①。这次谈话是把改革开放和社会主义现代化建设推进到新阶段的又一个解放思想、实事求是的宣言书。它深刻回答了长期困扰和束缚人们思想的许多重大问题，把改革开放和现代化建设推向新阶段。

1992年10月，党的十四大明确提出，我国经济体制改革的目标是建立社会主义市场经济体制，并明确“要使市场在社会主义国家宏观调控下对资源配置起基础性作用”。这一决策标志着我国社会主义市场经济体制建设的正式开启，也为中国式现代化的推进提供了经济基础与保障。

1993年11月，党的十四届三中全会作出了《关于建立社会主义市场经济体制若干问题的决定》，对社会主义市场经济体制的基本内容和实施步骤作出总体规划，为体制建设提供了具体

---

① 《邓小平文选》第三卷，人民出版社1993年版，第373页。

指导。

在这一阶段，我国市场体系建设从商品市场起步，经历了从无到有、从小到大、从商品到要素、从封闭到开放的一系列重要转变，市场规模不断扩大，为市场在资源配置中发挥决定性作用提供了坚实的基础。非公有制经济在社会主义市场经济体制中扮演着越来越重要的角色，成为经济增长的重要推动力量。

此外，随着市场在资源配置中的作用日益增强，政府的作用也发生转变，对资源的直接配置已大幅度减少，更多转向宏观调控、社会保障、法律规范及公共服务等方面。改革开放以来的实践表明，解放思想、实事求是是推动社会主义市场经济体制发展的关键，处理好政府和市场关系也是经济体制改革的核心问题。

第二，农业现代化

1978 年夏秋之际，安徽省遭遇严重旱灾，省委决定把部分土地借给农民种粮种菜，这一措施很快调动起了群众的生产积极性。从“借地”中得到启发，安徽一些地方的基层干部和农民开始尝试包干到组、包产到户。凤阳县梨园公社小岗村 18 户农民冒着风险，在包干合同书上按下了手印，创造了“包干到户”的先例。这一大胆尝试，揭开了农村经济改革的序幕。1982 年，党中央发出“一号文件”，明确指出包括包产到户、包干到户在内的各种责任制，都是社会主义集体经济的生产责任制。在党中央的支持下，家庭联产承包责任制迅速推广，极大地激发了农民的生产积极性，为农村经济的繁荣奠定了坚实基础。

乡镇企业异军突起，成为农村发展的重要力量。国家鼓励发展乡镇企业和多种所有制经济，坚持城乡经济统筹发展，完善农产品生产、加工、销售一体化经营体系，促进农村城镇化、农村工业化、农业产业化"三化"联动。乡镇企业的发展促进了农村产业结构的调整和升级，推动了农村经济的多元化发展。同时，也为农民提供了更多的就业机会和增收渠道，促进了农村社会的全面进步。

农产品流通体制和税费制度全面改革。政府取消了实行长达 30 多年的农产品统购统销制度、发展多元化流通主体，积极培育和发展以集贸市场、批发市场和期货交易市场"三位一体"相互配套的农产品市场体系。农民开始自主寻找市场销路，农产品流通体制逐步向市场化方向转变。随着农产品流通体制的改革，农村商品经济得到了快速发展。农民开始根据市场需求组织生产，农产品市场逐渐繁荣。自 2000 年开始试点，最终在 2006 年全面取消了农业税，结束了中国历史上长达 2600 年的农业税征收历史。农村税费制度的改革减轻了农民的负担，促进了农民收入的增加和农村经济的发展。

促进农业结构调整，推进农业现代化。一是，引导农业结构调整。国家引导农民调整种植结构，发展高效农业和特色农业，加强农业科技研发和推广工作，提高农业生产的科技含量和附加值。二是，发展农业企业国家鼓励和支持农业产业化龙头企业发展，推动农业产业链延伸和价值链提升。通过龙头企业带动小农户和现代农业发展有机结合，实现农业增效和农民增收。2002 年，对持续了 50 多年历史的“工占农利，城乡分离”发展模式进行调整，提出“统筹城乡社会经济发展”“工业反哺农业，城市支持农村”“以工促农，以城带乡”的策略和方针。三是，发展绿色农业。国家加强农业生态环境保护和治理工作，推广绿色农业技术和生产方式，降低农业生产对环境的负面影响。同时，加强农产品质量安全监管工作，保障人民群众舌尖上的安全。四是，完善农业社会化服务体系建设。推动农业技术推广、病虫害防治、农产品营销等社会化服务的发展；加强农民培训和教育工作，提高农民的文化素质和科技水平。2004—2012 年间中央发布九个中央“一号文件”聚焦城乡统筹、社会主义新农村建设、农民工权益保障，出台了一系列惠农政策，推动农业现代化。

通过调整农业结构、推动农业产业化经营、加强农业绿色发展和社会化服务体系建设等措施，我国农业现代化水平得到了显著提升。我国粮食总产量由 1978 年的 30477 万吨跃升至 2012 年的 61223 万吨，农林牧渔业总产值由 1978 年的 1397 亿元跃升至 2012 年的 86342 亿元。农业机械化程度持续提高，主要农产品产量稳定增长，其中谷物、肉类、花生、茶叶、水果等产量持续位居世界第一。这些成就是我国探索中国式农业现代化的深刻注脚。

第三，工业现代化

1979 年 5 月，首都钢铁公司、天津自行车厂、上海柴油机厂等 8 家大型国有企业作为试点开始进行改革，工业现代化的改革序幕全面拉开。到 1980 年 6 月，参与改革的企业增至 6600

个。1984 年，城市经济体制改革全面展开，推行承包经营责任制和租赁经营责任制，进一步扩大企业自主权，推行“国家调节市场，市场引导企业”的经济运行机制模式，鼓励发展多种所有制经济，形成公有制为主体、多种所有制经济共同发展的格局。

1992 年，党的十四大明确提出建立社会主义市场经济体制的目标，强调以国有企业为核心，建立现代企业制度，培育企业成为真正的市场主体，并对财政、税收、外汇、金融、投资、外贸以及流通体制等综合配套体系进行改革，初步建成了社会主义市场经济体制的基本框架。进入新世纪后，中国经济面临新的发展机遇和挑战，全面推进国有企业股份制改革，完善现代企业制度，加快行政管理体制改革，减少政府对微观经济活动的干预。国有企业股份制改革取得显著成效，国有经济控制力和影响力进一步增强。

基础产业和基础设施建设取得重大成果，汽车、机械、煤炭、电力、石油等一批推动国家工业化发展的基础性产业项目建设完成。同时，新型工业化进程明显提速，现代化产业体系加快构建。随着工业化的推进，产业结构不断优化升级，第二产业投资活力有效释放，第三产业投资保持稳定增长，制造业的发展为加快建设制造业强国奠定了坚实基础。在工业现代化进程中，技术创新和科技进步发挥了重要作用。通过引进国外先进技术、加强自主研发和创新能力建设等措施，中国在一些领域实现了技术突破和产业升级。

第四，科学技术现代化

1978 年 3 月，全国科学大会的召开带来了“科学的春天”，邓小平在开幕式中提出“科学技术是生产力”，并强调“四个现代化，关键是科学技术的现代化”，“没有现代科学技术，就不可能建设现代农业、现代工业、现代国防”。这为之后中国科技事业的发展指明了方向，也说明国家看到了科学技术在社会主义现代化建设中的地位与作用。1988 年 9 月，邓小平在会见捷克斯洛伐克总统胡萨克时指出：“马克思说过，科学技术是生产力，事实证明这话讲得很对。依我看，科学技术是第一生产力。”

1977 年 12 月—1979 年 1 月，国家科学技术委员会组织讨论制定了《1978—1985 年全国科学技术发展规划纲要》（简称《八年规划》）。规划的制定反映了中国科技界发展和赶超的心情，但是也出现了不切实际和盲目乐观的问题。

1982 年，国家计划委员会和国家科学技术委员会对《八年规划》进行了调整，制定了《第六个五年计划期间国家科学技术攻关项目》，经五届人大五次会议通过后开始实施，取得了较好的效果。由此，诞生了第一个国家指令性研发计划——国家科技攻关计划。

1985 年 3 月，邓小平在全国科技工作会议上指出，“要进一步解决科技和经济结合的问题”，“经济体制、科技体制，这两方面的改革都是为了解放生产力”，“新的经济体制，应该是有利于技术进步的体制”，“新的科技体制，应该是有利于经济发展的体制”，“双管齐下，长期存在的科技与经济脱节的问题，有可能得到比较好的解决”。1985 年，全国科技工作会议通过《关于科学技术体制改革的决定》，重点解决科技与经济的结合问题，加快推进科技与经济结合的步伐。

在邓小平的推动下，1986 年国家自然科学基金委员会成立，从此自然科学基金作为支持基础研究的制度开始在中国正式建立，成为中国支持基础研究的主要渠道。1986 年 3 月，王大珩、王淦昌、杨嘉墀和陈芳允等四位科学家给中共中央写信，提出要跟踪世界先进水平、发展中国高技术的建议。这封信得到了邓小平的高度重视，指示立即组织部署。经过国务院组织 200 多位有关专家和学者的全面论证和反复修改，形成计划方案，经中央批准，“中国的高技术研究与发展计划”于 1987 年开始实施，这就是“863 计划”。1991 年 4 月 23 日，邓小平为全国“863”计划工作会议题词“发展高科技，实现产业化”。

在 1992 年南方谈话中，邓小平指出，“革命是解放生产力，改革也是解放生产力”，“经济发展得快一点，必须依靠科技和教育。我说科学技术是第一生产力”。1993 年 10 月，中国制定了第一部科学技术的基本法——《中华人民共和国科学技术进步法》；1994 年 1 月，国务院将中国科学院学部委员改称为中国科学院院士，并在 1994 年 6 月召开的第七次院士大会上，通过了《中国科学院院士章程》。

1995 年，《中共中央、国务院关于加速科学技术进步的决定》正式提出科教兴国战略。同年，中国开始正式实施“211 工程”，旨在提高高等学校办学的整体实力。1999 年，国务院批转教育部《面向 21 世纪教育振兴行动计划》，“985 工程”正式启动建设，旨在建设世界一流大学的“985 工程”一期建设在北京大学和清华大学开始实施；2004 年，国家启动了“985 工程”二期建设，列入该工程建设的学校共 39 所。

1997 年 6 月 4 日，国家科技领导小组第三次会议决定要制定和实施《国家重点基础研究发展规划》，随后由科学技术部于 1998 年开始组织实施为期 12 年的“国家重点基础研究发展规划项目计划”（即“973 计划”）。“973 计划”是党中央、国务院为实施“科教兴国”和“可持续发展战略”、加强基础研究和科技工作做出的一项重要决策。

科技兴则民族兴，科技强则国家强。改革开放后，党和国家着眼于我国社会主义现代化建设的历史基础与现实需要，通过一系列战略谋划，为我国加快实现强国建设、民族复兴指明了正确的历史方向，并为我国引进国际先进技术、学习世界先进技术、借鉴国外先进科技制度、提高自主创新能力提供了基本遵循，为我国到本世纪中叶全面建成社会主义现代化强国奠定坚实基础。

第五，对外开放与国际化战略

1979 年 4 月，中央召开工作会议，广东省委第一书记习仲勋提出希望中央下放若干权力，让广东在对外经济活动中有必要的自主权；允许在毗邻港澳的深圳、珠海和侨乡汕头市举办出口加工区，中央对此表示支持。1979 年 7 月，党中央、国务院根据广东、福建两省靠近港澳、侨胞众多、资源丰富、便于吸引外资等有利条件，对两省的对外经济活动实行特殊政策。1980 年 5 月，党中央、国务院正式决定将“出口特区”定名为

“经济特区”；8 月，五届全国人大常委会第十五次会议批准广东、福建两省在深圳、珠海、汕头、厦门设置经济特区。1984 年 5 月，党中央、国务院批转了《沿海部分城市座谈会纪要》，决定全部开放中国沿海港口城市，从北到南包括大连、秦皇岛、天津、烟台、青岛、连云港、南通、上海、宁波、温州、福州、广州、湛江和北海共 14 个大中港口城市。1985 年 2 月，党中央、国务院批准了《长江、珠江三角洲和闽南厦漳泉三角地区座谈会纪要》，将长江三角洲、珠江三角洲和闽南三角区划为沿海经济开放区，并指出这是我国实施对内搞活经济、对外实行开放的具有重要战略意义的布局。

进入 90 年代以后，我国对外开放的步伐逐步由沿海向沿江及内陆和沿边城市延伸。邓小平在这一过程中形成了两个大局的思想：“沿海地区要加快对外开放，使这个拥有两亿人口的广大地带较快地先发展起来，从而带动内地更好地发展，这是一个事关大局的问题。内地要顾全这个大局。反过来，发展到一定的时候，又要求沿海拿出更多力量来帮助内地发展，这也是个大局。”① 由此，在全国范围初步形成了从经济特区到沿海开放城市再到沿海经济开放区这样一个多层次、有重点、点面结合的对外开放新格局。

开放领域由初期的一般加工业和餐饮服务业拓展到基础工业、基础设施和一些服务贸易业，从劳动密集型产业扩展到资金密集型和技术密集型产业。我国积极对外开展经济技术交流

---

① 《邓小平文选》第三卷，人民出版社 1993 年版，277—278 页。

与合作，许多企业从中小企业发展到大企业、大财团和跨国公司，广泛推行外商直接投资、借用外债等多种方式。由此中国迅速摆脱了原来封闭半封闭的状态，与世界经济的联系日益密切，对外贸易和经济技术交流与合作的迅速发展，给国民经济注入了新的巨大活力，使中国经济成为世界经济的重要组成部分，成为世界经济中不可忽视的力量，形成了全方位、多层次、多形式、宽领域的开放格局。2001 年 11 月 10 日，世界贸易组织第四届部长级会议以全体协商一致的方式，审议并通过中国加入世界贸易组织的决定。12 月 11 日，我国正式成为世界贸易组织成员，这标志着我国对外开放进入新的阶段。加入世贸组织后，中国积极参与全球经济合作与竞争，推动了对外贸易的快速发展和经济结构的优化升级。

第六，建设社会主义文化

1979 年，中国文学艺术工作者第四次代表大会召开，邓小平在会上致祝词，提出“要在建设高度物质文明的同时，提高全民族的科学文化水平，发展高尚的丰富多彩的文化生活，建设高度的社会主义精神文明”①。中国式的现代化，不仅要体现在物质的现代化上，也要体现在精神文明的现代化上。1982 年，党的十二大报告将建设精神文明作为新时期总任务之一，标志着中国文化建设进入了一个新的阶段。1996 年，党的十四届六中全会通过了《关于加强社会主义精神文明建设若干重要问题

① 《改革开放三十年重要文献选编》（上），中央文献出版社 2008 年版，第 80 页。

的决议》，进一步明确了精神文明建设的指导思想、目标任务和政策措施。2002 年，党的十六大报告提出了发展文化事业和文化产业的战略部署，为中国文化产业的快速发展奠定了坚实基础。中国积极推动文化产业的发展，制定文化产业政策，支持文化产业创新发展，并培育文化产业市场主体，推动文化产业规模化、集约化、专业化发展。2007 年，党的十七大报告提出了“兴起社会主义文化建设新高潮，激发全民族文化创造活力，提高国家文化软实力”的奋斗目标，标志着中国文化建设进入了一个新的高潮期。

2011 年，党的十七届六中全会通过了《关于深化文化体制改革　推动社会主义文化大发展大繁荣若干重大问题的决定》，明确提出了建设社会主义文化强国的目标，为中国文化建设指明了方向。中国积极推进文化体制改革，深化文化企事业单位的改革，激发文化创新活力，并加强文化市场监管，促进文化产业健康发展。在文化遗产保护和利用方面，中国加大了对文化遗产的保护力度，合理利用文化遗产资源，推动文化旅游融合发展。中国加强国际文化交流与合作，积极参与国际文化交流活动，展示中华文化魅力，并加强与外国文化机构的合作，引进国外优秀文化成果。

1978—2012 年，中国式现代化的探索经历了从提出到实践、从理论到制度、从物质文明到精神文明全面发展的过程，经过不断探索和实践，中国取得了举世瞩目的成就。经济持续快速增长，国内生产总值先后超过意大利、法国、英国、德国，成为世界第二大经济体。同时，科技、教育、文化、卫生等各项事业也取得了长足进步。然而，我们也应清醒地认识到，前进的道路上仍然存在着许多挑战和困难。未来，我们将继续坚持改革开放不动摇，坚定不移地走中国特色社会主义道路，为实现中华民族伟大复兴的中国梦而努力奋斗。改革开放和社会主义现代化建设时期的探索历程是一段波澜壮阔的历史篇章，它见证了中国人民从封闭走向开放、从贫穷走向小康的伟大历程。

第五章　中国式现代化的新时代探索

把我国建设成为社会主义现代化国家，是从第一个五年计划到第十四个五年规划一以贯之的主题。中国特色社会主义进入新时代，中国式现代化全面展开。以习近平同志为核心的党中央全面总结、充分吸收中国现代化建设经验，开辟了以中国式现代化全面推进中华民族伟大复兴的新境界。在认识上，初步构建起中国式现代化的理论体系，使中国式现代化更加清晰、更加科学、更加可感可行；在战略上，确立起中国式现代化的任务书和时间表、路线图和施工图，确保锚定中国式现代化奋斗目标行稳致远；在实践上，领导中国人民成功走出了中国式现代化道路，融合吸收中华优秀传统文化精髓，创造了人类文明新形态，拓展了发展中国家走向现代化的途径，为“古今中西之争”提供了新时代答案。

一、一以贯之的主题

习近平总书记指出：“从第一个五年计划到第十四个五年规划，一以贯之的主题是把我国建设成为社会主义现代化国家。”[①]

---

① 《习近平著作选读》第二卷，人民出版社2023年版，第366页。

在编制与落实五年规划[①]中，我们党对建设社会主义现代化国家在认识上不断深入、在战略上不断成熟、在实践上不断丰富，加速了我国现代化发展进程，为新发展阶段全面建设社会主义现代化国家奠定了实践基础、理论基础、制度基础。编制历次五年规划的历史背景有所不同，做出的战略谋划有所不同，但贯穿其中的对科学社会主义基本原则的坚持和发展从未改变，对中国式现代化的探索和追求从未改变，实现中华民族伟大复兴的初心使命从未改变。

（一）“一五”计划到“十二五”规划开辟拓展社会主义现代化

中国现代化的漫漫征途，是长达一个多世纪的接力赛，需要一棒接着一棒跑，创造出一浪更比一浪高的卓越成绩。从“一五”计划到“十二五”规划，中国共产党在领导编制一个又一个五年规划过程中，不断推进现代化建设取得新成绩，为新时代现代化建设固稳根基。

“一五”计划到“五五”计划奠定了社会主义现代化的坚实基础。新民主主义革命胜利后，中国怎样才能从一个落后的农业国迅速成长为一个先进的工业国，成为历史赋予中国共产党的崭新课题。1949 年 3 月，在党的七届二中全会上，毛泽东提出：“使中国稳步地由农业国转变为工业国，把中国建设成一个

① 从“十一五”开始，“五年计划”正式更名为“中华人民共和国国民经济和社会发展五年规划”，本文在题目和概括性表述中以“五年规划”作为统称。

伟大的社会主义国家。”① 中华人民共和国成立后，党和国家着手恢复国民经济，从 1951 年起编制和实施第一个五年计划（1953—1957），开启了中国共产党独立探索社会主义现代化建设道路的崭新历程。“一五”计划以过渡时期总路线为方针，以优先发展重工业为导向，以苏联援助的“156 项”建设为中心，初步建立起我国社会主义工业化的基础。“二五”计划沿着建设社会主义工业化的道路继续前进，但由于指导思想上的急躁冒进，出现了超越生产力发展阶段的失误。1961 年初，党中央决定对国民经济实行“调整、巩固、充实、提高”的八字方针，用 5 年时间作为国民经济调整期。1964 年 12 月，周恩来在三届全国人大一次会议上，首次明确提出了“两步走”建设“四个现代化”的战略部署。“三五”“四五”“五五”计划始终以建立独立的比较完整的工业体系和国民经济体系为目标，一以贯之地推进国家工业化和“四个现代化”建设。

“一五”计划到“五五”计划时期的社会主义建设及社会主义现代化战略还处于探索和起步阶段，虽经历了一些严重挫折，但也取得了一系列突出成就：中国大庆油田、“两弹一星”取得重大成功；相继建设完成了南京长江大桥、成昆铁路、湘黔铁路、湘渝铁路，以及丹江口、葛洲坝、乌江等大中型水电站；中国第一颗实用氢弹试验成功；中国高产量籼型杂交水稻培育成功；中国第一颗返回式遥感卫星发射成功；一大批重点项目、骨干企业建成投产，均衡化工业布局建设完成等。经过前五个

① 《毛泽东选集》第四卷，人民出版社 1991 年版，第 1437 页。

五年计划，我国由落后的农业国逐渐建设成具有初步基础的工业国，建立起比较独立完整的工业体系和国民经济体系，基本实现两步走“四个现代化”战略部署的第一步战略目标，为建设社会主义现代化国家奠定了坚实基础，成为改革开放后成功推进中国式现代化的重要先声。

“六五”计划到“十二五”规划推进深化了社会主义现代化。党的十一届三中全会后，中国的社会主义现代化建设进入了以经济建设为中心的改革开放和社会主义现代化建设新时期，五年规划走向注重经济和社会发展的全面规划。1979 年 3 月，邓小平在党的理论工作务虚会上强调：“中国式的现代化，必须从中国的特点出发。”① 1983 年 6 月，邓小平在会见外籍专家时再次指出：“我们搞的现代化，是中国式的现代化。我们建设的社会主义，是有中国特色的社会主义。”② 从“六五”计划到“十二五”规划，党以更加积极主动的姿态，成功推进和拓展了中国特色社会主义现代化建设道路。“六五”计划和“七五”计划在以推进经济体制改革为重点任务的同时，开始转向经济、科技、社会、文化等多方面的全面规划。从“八五”计划到“十二五”规划期间，我国社会主义市场经济体制不断完善，并开始全面部署政治体制改革，建设内容范围日益延展。自“八五”计划起，发展社会主义民主和健全社会主义法治成为我国部署推进五年规划的新要求，并在此后的五年规划中不断拓展、

---

① 《邓小平文选》第二卷，人民出版社 1994 年版，第 164 页。

② 《邓小平文选》第三卷，人民出版社 1993 年版，第 29 页。

深化。同时，中国社会主义现代化建设的布局也由经济、政治、文化建设的“三位一体”进一步拓展为经济、政治、文化、社会建设的“四位一体”总体布局，全面、协调、可持续成为这个阶段现代化建设的关键词，社会主义现代化建设愈发成为一个涵盖社会各领域现代化的进程，中国式现代化由此得到进一步深化。

从“六五”计划到“十二五”规划，我国生产关系进一步调整优化，生产力极大发展，取得了从解决人民温饱问题到总体实现小康水平的发展成就，实现了国内生产总值到20世纪末，比1980年“翻两番”的经济建设目标，推进了从传统计划体制向社会主义市场经济体制的转变，经济增长方式从粗放型向集约型的不断转型，中国改革开放事业和中国特色社会主义现代化建设迈进新征程。

（二）“十三五”规划以中国式现代化开启全面建成小康社会新征程

党的十八大以来，中国特色社会主义进入新时代，我国社会主要矛盾转化为人民日益增长的美好生活需要和不平衡不充分的发展之间的矛盾。经济社会发展需要达到更高层次的综合平衡，不断迈向高质量发展阶段，满足人民多层次、多样化的需求。作为中国特色社会主义进入新时代的首个“五年规划”和全面建成小康社会的收官规划，“十三五”规划坚持以发展为第一要务，以创新、协调、绿色、开放、共享的新发展理念为核心统领全局，历史性解决了绝对贫困，全面建成了小康社会，如期实现了第一个百年奋斗目标，推动我国经济实力、科技实力、综合国力跃上了新的大台阶。

经济实力大幅提升。国内生产总值从不到 70 万亿元增加到超过 100 万亿元，稳步迈向高收入经济体行列。科技创新、工程建设和发展战略取得一大批标志性成果，载人航天、探月工程、大飞机制造、航空母舰等领域成果丰硕，港珠澳大桥、北京大兴国际机场惊艳世界，京津冀协同发展、长江经济带发展、“一带一路”建设等国家战略捷报频传。“直播带货”“数字经济”“新基建”“新平台”等蓬勃发展，成为经济增长的新亮点和新动力。

脱贫攻坚成效瞩目。5575 万农村贫困人口实现脱贫，960 多万建档立卡贫困人口通过易地扶贫搬迁摆脱了“一方水土难养一方人”的困境，区域性整体贫困得到解决，完成了消除绝对贫困的艰巨任务。农业现代化稳步推进，粮食生产连年丰收。1 亿农业转移人口和其他常住人口在城镇落户目标顺利实现，城镇棚户区住房改造超过 2100 万套。中国现行标准下 9899 万农村贫困人口全部脱贫，提前十年实现《联合国二〇三〇年可持续发展议程》减贫目标①，创造了彪炳史册的人间奇迹和减贫治理的中国样本。

生态环境明显改善。“绿水青山就是金山银山”理念深入人心，污染防治攻坚战取得关键进展，生态环境保护发生历史性、转折性、全局性变化。大气污染防治成效显著，化学需氧量、氨氮、二氧化硫、氮氧化物等主要污染物排放总量分别累计减

① 参见《习近平著作选读》第二卷，人民出版社 2023 年版，第 495 页。

少13.8%、15.0%、25.5%、19.7%，细颗粒物（PM）未达标地级及以上城市浓度累计下降28.8%，地级及以上城市空气质量优良天数比率达到87%。“大气十条”和蓝天保卫战目标全面实现，燃煤电厂超低排放改造任务超额完成，北方地区清洁取暖积极稳妥推进，京津冀等重点区域空气质量明显好转。碧水保卫战成效显现，地表水达到或好于Ⅲ类水体比例提高到83.4%，劣Ⅴ类水体比例降至0.6%。① 生态环境质量明显改善，资源环境可持续发展能力不断增强，节能减排进展明显，资源能源利用效率显著提升，生态文明建设成效之大前所未有。

城乡区域发展协调性明显增强。长江经济带发展坚持共抓大保护、不搞大开发和生态优先、绿色发展，生态环境突出问题整改成效显著，长江十年禁渔全面实施。粤港澳大湾区国际科技创新中心“两廊”“两点”建设框架初步形成，支持深圳启动建设中国特色社会主义先行示范区。长三角一体化发展新局面正在形成，公共服务共享水平不断提升，轨道上的长三角跑出加速度。黄河流域生态保护和高质量发展开局起步，一批流域治理和生态环境保护修复重大工程谋划实施。区域协调发展新机制加快构建。持续推动西部大开发形成新格局，采取新的战略举措推动东北振兴取得新突破，以健全政策体系促进中部地区加快崛起，以强化创新引领推动东部地区率先发展。

---

① 参见全国人大财政经济委员会、国家发展和改革委员会编写：《〈中华人民共和国国民经济和社会发展第十四个五年规划和2035年远景目标纲要〉释义》，中国计划出版社2021年版，第182页。

民生福祉不断增进。从2016年至2020年，全国居民人均可支配收入从23821元增加到32189元，年均实际增长5.6%。各项民生事业取得实质性进展，城镇新增就业超过6000万人，基本医疗保险覆盖超过13亿人，基本养老保险覆盖近10亿人，人民群众的获得感幸福感安全感与日俱增。① 国民素质和社会文明程度显著提高。中国梦引领凝聚作用进一步增强，社会主义核心价值观深入人心，公民科学素质日益提高。文化事业和文化产业繁荣发展，公共文化服务体系覆盖城乡、惠及全民。文化体制改革进一步深化。国家文化软实力不断增强，中华文化影响力日益彰显。

改革开放迈出重大步伐。产权保护法治体系初步形成。要素市场化配置改革持续深化，城乡统一的建设用地市场加快构建，利率市场化改革成效显著，设立科创板、改革创业板并试点注册制，主要由市场决定价格的机制基本完善。“放管服”改革不断深入、成效明显，市场准入负面清单制度全面实施，公平竞争审查制度初步建立，营商环境全球排名大幅提升。中央与地方财政事权和支出责任划分改革稳步推进，营业税改征增值税全面推开。民主法治改革迈出重大步伐，党和国家机构改革胜利完成，民法典等重点领域法律相继出台。党的建设制度和纪检监察体制改革取得历史性突破，党统一领导、全面覆盖、权威高效的监督体系正在形成。

---

① 中共中央宣传部理论局编：《新征程面对面：理论热点面对面·2021》，学习出版社、人民出版社2021年版，第26—27页。

“十三五”规划实施成效符合预期，解决了许多长期想解决而没有解决的难题，办成了许多过去想办而没有办成的大事，推动经济社会取得全方位、开创性历史成就，发生深层次、根本性历史变革。这些辉煌成就的取得，是以习近平同志为核心的党中央统揽全局、把舵定向的结果，是中国特色社会主义制度优势生生不息、厚积薄发的结果，是全党全国各族人民同心同德、携手奋进的结果。“十三五”规划目标任务胜利完成，全面建成小康社会取得伟大历史性成就，中华民族伟大复兴向前迈出了新的一大步，为乘势而上开启全面建设社会主义现代化国家新征程夯实了物质基础。

（三）“十四五”规划以中国式现代化建设社会主义现代化强国

在全面建成小康社会基础上，党领导人民以“十四五”规划为开端，开启全面建设社会主义现代化国家新征程。2021年3月，十三届全国人大四次会议审议通过“十四五”规划和2035年远景目标，标志着全面建设社会主义现代化国家新征程的开启，为巩固全面建成小康社会成果、乘势而上深化现代化建设提供了行动纲领。党在推动实施“十四五”规划过程中，对中国式现代化的目标、战略的认识持续深化，中国式现代化的宏伟蓝图愈加清晰。

中国式现代化目标的接续与深化。五年规划是具有中国特色的治国理政战略依托，其制定的目标是未来五年经济社会发展的科学指引。党的十九届五中全会明确了“十四五”时期经济社会发展主要目标，提出到 2035 年基本实现社会主义现代化远景目标，既立足近期，又谋划长远，二者相互衔接，为开启全面建设社会主义现代化国家新征程提供了清晰可行的路线图。落实好“十四五”时期经济社会发展十二个方面的重大任务，将为 2035 年基本实现现代化打下坚实基础。2035 年远景目标提出建成文化强国、教育强国、人才强国、体育强国、健康中国等宏观目标，锚定了未来 15 年中国经济社会发展的总体目标，为五年规划提供了明确对标的参照系。在纵向上，“十四五”规划和 2035 年远景目标充分彰显了党对社会主义现代化建设的探索，在战略上坚定不移、理论上一脉相承、实践上接续奋斗，成功推进了中国式现代化的目标。在横向上，中国式现代化目标也依托“十四五”规划和 2035 年远景目标，不断丰富和拓深，日益显现出中国式现代化的鲜明特色。

中国式现代化战略的完善与细化。党的十九大适时做出决胜全面建成小康社会、脱贫攻坚，并顺势开启全面建设社会主义现代化国家新征程的战略决策，提出新时代“两步走”战略安排，为各项政策的稳步落实提供了战略指引。“十四五”时期是我国全面建成小康社会、实现第一个百年奋斗目标之后，乘势而上开启全面建设社会主义现代化国家新征程、向第二个百年奋斗目标进军的第一个五年，标志着中国式现代化战略进入了新发展阶段。党的二十大立足全面建成小康社会的第一个百年奋斗目标，指出：“从二〇二〇年到二〇三五年基本实现社会主义现代化；从二〇三五年到本世纪中叶把我国建成富强民主文明和谐美丽的社会主义现代化强国。”① 进一步明确了全面建设社会主义现代化强国“两步走”的战略安排。新时代“两步走”战略安排创造了以中国式现代化全面推进中华民族伟大复兴的“全景图”，形成了以经济建设、政治建设、文化建设、社会建设和生态文明建设“五位一体”全面协调推进的现代化逻辑，创造了物质文明、政治文明、精神文明、社会文明和生态文明全面提升的人类文明新形态，是对“富强民主文明和谐美丽的社会主义现代化强国”目标的对接，为实现中华民族伟大复兴中国梦提供了更为具体的战略规划，使中国式现代化战略不断推进与优化。

五年规划是党和国家与时俱进把握不同时期发展实际所作出的战略谋划，是以中国之治推进现代化建设的重要依托。党在领导和推进现代化建设进程中，始终将编制规划作为明确前进目标的重要途径。五年规划阐释总结了中国式现代化基础时期，从“一五”计划到“五五”计划的成功经验和教训；在改革开放创新中国式现代化的进程中，从“六五”计划到“十二五”规划的进展与成功经验；“十三五”规划的中国式现代化实践，全面建成惠及 14 亿人口的小康社会；展望了以中国式现代化全面建成社会主义现代化强国的远景。在党的领导下，我国迄今为止已编制了十四个五年规划，带领人民成功开创了中国式现代化道路，创造了经济快速发展和社会长期稳定两大奇迹，开创了人类文明新形态，拓展了人类文明的多样性，为发展中

① 《习近平著作选读》第一卷，人民出版社 2023 年版，第 20 页。

国家展现出走向现代化的光明前景。

二、构建中国式现代化理论体系

在中华人民共和国成立特别是改革开放以来长期探索和实践基础上，经过十八大以来在理论和实践上的创新突破，我们党成功构建和拓展了中国式现代化理论体系。习近平总书记围绕中国式现代化发表了一系列重要论述，立意高远，内涵丰富，思想深刻，进一步深化对中国式现代化的内涵和本质的认识，概括形成中国式现代化的中国特色、本质要求和重大原则，初步构建中国式现代化的理论体系，使中国式现代化更加清晰、更加科学、更加可感可行，对于新时代新征程以中国式现代化全面推进强国建设、民族复兴伟业，具有十分重要的意义。

2020 年 10 月 29 日，习近平总书记在党的十九届五中全会第二次全体会议上指出："中国式现代化既切合中国实际，体现了社会主义建设规律，也体现了人类社会发展规律。"2021 年 7 月 1 日，习近平总书记在庆祝中国共产党成立 100 周年大会上指出："我们坚持和发展中国特色社会主义，推动物质文明、政治文明、精神文明、社会文明、生态文明协调发展，创造了中国式现代化新道路，创造了人类文明新形态。"

党的二十大进一步深化对中国式现代化的内涵和本质的认识，构建了中国式现代化理论体系，标志着我们党对现代化规律的认识达到了新境界。从中国式现代化的核心观点与主要范畴出发，系统阐释中国式现代化理论体系，全面准确把握建设什么样的中国式现代化、怎样建设中国式现代化的基本问题，为全面建成社会主义现代化强国、实现第二个百年奋斗目标提供理论支持和科学指导。

（一）根本性质：中国式现代化是中国共产党领导的社会主义现代化

习近平总书记在党的二十大报告中指出："中国式现代化，是中国共产党领导的社会主义现代化。"① 中国共产党的领导是中国特色社会主义最本质的特征，是中国特色社会主义制度的最大优势。只有坚持党的领导，才能确保中国式现代化的社会主义性质。同时，中国式现代化又是在社会主义制度条件下的现代化，社会主义制度决定了中国式现代化的基本性质和根本走向。

中国式现代化是中国共产党领导的现代化。党的领导直接关系中国式现代化的根本方向、前途命运、最终成败。中国人民之所以能够扭转近代以来的历史命运，探索出中国式现代化道路，最根本在于党的领导。第一，党的性质宗旨、初心使命、信仰信念、政策主张决定了中国式现代化是社会主义现代化，而不是别的什么现代化。只有毫不动摇坚持党的领导，中国式现代化才能前景光明、繁荣兴盛；否则就会偏离航向、丧失灵魂，甚至犯颠覆性错误。第二，党的领导确保中国式现代化锚定奋斗目标行稳致远。我们党始终坚守初心使命，坚持把远大理想和阶段性目标统一起来，一旦确定目标，就咬定青山不放

① 《习近平著作选读》第一卷，人民出版社 2023 年版，第 18 页。

松，接续奋斗、艰苦奋斗、不懈奋斗，从根本上超越了资本主义国家政党纷争、党派偏私，政策前后不一、朝令夕改的弊端。正是在党的领导下，我国才能够一以贯之地推进社会主义现代化建设，从“四个现代化”到全面现代化，从全面小康到全面现代化，从基本实现社会主义现代化到全面建成社会主义现代化强国。第三，党的领导激发建设中国式现代化的强劲动力。改革开放是决定当代中国命运的关键一招，也是决定中国式现代化成败的关键一招。党的十八大以来，我们党以巨大政治勇气全面深化改革，坚决破除各方面体制机制弊端，许多领域实现历史性变革、系统性重塑、整体性重构，为中国式现代化注入不竭动力。第四，党的领导凝聚建设中国式现代化的磅礴力量。人民是中国式现代化的主体，是全面建成社会主义现代化强国的决定性力量。只有紧紧依靠人民，尊重人民创造精神，汇集全体人民的智慧和力量，才能推动中国式现代化不断向前发展。

中国式现代化是社会主义现代化。在不同制度形态基础上建立的现代化，走不同道路建成的现代化，即使有着现代化一般规律的共性，也仍然有着本质区别。西方现代化是以资本为中心、两极分化、物质主义膨胀、依靠殖民掠夺的现代化，暴露出资本主义现代化的严重弊端。同资本主义现代化不同，中国式现代化是社会主义现代化，社会主义是其固有的、内在的制度属性。从物质生产来看，中国式现代化符合社会主义生产力的发展要求。社会主义制度在推动解放生产力上具有根本优势，以社会主义基本经济制度为依托，夯实现代化发展的物质基础，推动现代化生产的发展。从制度形态看，中国式现代化是贯彻科学社会主义原则的现代化。习近平指出："科学社会主义基本原则不能丢，丢了就不是社会主义。"[①] 中国式现代化创新的步伐不断迈进，但科学社会主义基本原则不能丢，并且还要结合现代化实践要求进一步丰富和发展科学社会主义。从价值取向来看，中国式现代化是以人民为中心、坚持人民至上、站稳人民立场的现代化。中国式现代化把以人民为中心的价值导向具体化为现代化建设的各个领域，确保现代化建设不偏离正确的方向。

（二）科学内涵：中国式现代化的中国特色

世界上不存在定于一尊的现代化模式，也不存在放之四海而皆准的现代化标准。习近平指出："一个国家走向现代化，既要遵循现代化一般规律，更要立足本国国情，具有本国特色。"[②] 中国式现代化既有各国现代化的共同特征，更有基于自己国情的中国特色。

中国式现代化是人口规模巨大的现代化。我国 14 亿多人口整体迈进现代化社会，规模超过现有发达国家人口的总和，艰巨性和复杂性前所未有，发展途径和推进方式也必然具有自己的特点。习近平指出："在我国这样一个十四亿人口的国家实现

---

① 《习近平著作选读》第一卷，人民出版社 2023 年版，第 75 页。

② 习近平：《携手同行现代化之路——在中国共产党与世界政党高层对话会上的主旨讲话》，人民出版社 2023 年版，第 3 页。

社会主义现代化，这是多么伟大、多么不易。”① 人口规模巨大，虽然能为我们提供充足的人力资源和超大市场规模，但也带来了一系列难题和挑战。光是解决 14 亿多人的吃饭问题，就是一个不小的挑战，还有就业、分配、教育、医疗、住房、养老、托幼等问题，哪一项解决起来都不容易，哪一项涉及的人群都是天文数字。必须从国情出发，首先要考虑人口基数问题，考虑我国城乡区域发展水平差异大等实际，既不能好高骛远，也不能因循守旧，始终保持历史耐心，坚持稳中求进、循序渐进、持续推进。

中国式现代化是全体人民共同富裕的现代化。这是中国式现代化区别于西方现代化的显著标志。西方现代化的最大弊端，就是以资本为中心而不是以人民为中心，追求资本利益最大化而不是服务绝大多数人的利益，导致贫富差距过大、两极分化严重。一些发展中国家长期处于停滞甚至倒退状态，重要原因之一便是没有解决好两极分化、阶层固化问题。中国式现代化突出现代化方向的人民性，坚持发展为了人民，发展依靠人民，发展成果由人民共享，不断推动全体人民共同富裕。要把实现人民对美好生活的向往作为现代化建设的出发点和落脚点，在推动高质量发展的同时，自觉主动解决地区差距、城乡差距、收入分配差距，着力维护和促进社会公平正义，坚决防止两极分化。

中国式现代化是物质文明和精神文明相协调的现代化。物

---

① 《习近平著作选读》第二卷，人民出版社 2023 年版，第 424 页。

质贫困不是社会主义，精神贫乏也不是社会主义。物质富足、精神富有是社会主义现代化的根本要求。西方现代化带来了物质主义的膨胀，在一整套经济社会制度的塑造下，使人陷入物欲横流的循环而无法摆脱，本来很丰富的人性被掏空、被简化。中国式现代化是追求国家物质力量和精神力量相促进、人民物质生活和精神生活都富裕的现代化。必须不断厚植现代化的物质基础，不断夯实人民幸福生活的物质条件，同时大力发展社会主义先进文化，加强理想信念教育，传承中华文明，促进物的全面丰富和人的全面发展。

中国式现代化是人与自然和谐共生的现代化。人与自然是生命共同体，无止境地向自然索取甚至破坏自然，必然会遭到大自然的报复。在世界现代化历史上，许多国家都经历了对自然资源肆意掠夺和生态环境恶性破坏的阶段，在创造巨大物质财富的同时，往往造成环境污染、资源枯竭等严重问题。特别是某些西方国家，更是把对自然资源的消耗，通过经济的方式延伸到全世界各个角落，让整个地球都在为满足他们的贪欲“输血”。这种现代化的方式是文明的病态，也是地球的灾难。中国式现代化坚持可持续发展，统筹推进经济社会发展和生态环境保护。必须牢固树立和践行绿水青山就是金山银山的理念，坚持节约优先、保护优先、自然恢复为主的方针，坚定不移走生产发展、生活富裕、生态良好的文明发展道路，实现中华民族永续发展。

中国式现代化是走和平发展道路的现代化。一些国家通过战争、殖民、掠夺等方式实现现代化的老路，那种损人利己、充满血腥罪恶的老路给广大发展中国家人民带来深重苦难。中华民族有崇尚和平的文化基因，历来强调“强不执弱”“富不侮贫”，主张“协和万邦”。这一点，是那些以己度人的霸凌主义者无法理解的，他们总是把中国摆在与其争霸的位置上，这完全是以恶人之心度君子之腹。中国式现代化坚持独立自主、自力更生，依靠全体人民的辛勤劳动和创新创造发展壮大自己，始终高举和平、发展、合作、共赢旗帜，奉行互利共赢的开放战略，致力于为广大发展中国家提供力所能及的支持和帮助，以中国新发展为世界提供新机遇。

（三）内在逻辑：中国式现代化的本质要求

党的二十大报告指出：“中国式现代化的本质要求是：坚持中国共产党领导，坚持中国特色社会主义，实现高质量发展，发展全过程人民民主，丰富人民精神世界，实现全体人民共同富裕，促进人与自然和谐共生，推动构建人类命运共同体，创造人类文明新形态。”① 九个本质要求，从本质层面阐释了中国式现代化“是什么”“为什么”“怎么办”的理论问题，揭示了中国式现代化理论体系的内在逻辑。深刻认识中国式现代化理论体系，必须把中国式现代化的本质要求与中国式现代化的根本性质和五大特色有机结合起来，从而坚定历史自信、增强历史主动，在新时代新征程上夺取中国式现代化新的伟大胜利。

第一，在中国式现代化的本质要求中，“坚持中国共产党领

① 《习近平著作选读》第一卷，人民出版社 2023 年版，第 20 页。

导”“坚持中国特色社会主义”是首要要求，在所有本质要求中起着统领作用。我们党始终高举中国特色社会主义伟大旗帜，坚持和发展中国特色社会主义道路、理论、制度、文化，为中国式现代化提供科学思想指引、坚强制度保证和强大精神力量，确保中国式现代化在正确的轨道上顺利推进。坚持中国共产党领导，坚持中国特色社会主义，决定和体现了中国式现代化的根本性质，关系到中国式现代化的兴衰成败，影响并渗入在其他本质要求之中。

第二，在中国式现代化的本质要求中，“实现高质量发展”“发展全过程人民民主”“实现全体人民共同富裕”“促进人与自然和谐共生”等规定，以回应中国式现代化的五大特色内容。中国式现代化是经济、政治、文化、社会、生态文明建设的全面发展和整体进步，中国式现代化的本质要求必然要在“五位一体”总体布局中得到体现。实现高质量发展，表明中国式现代化的经济建设，贯彻新发展理念，满足人民日益增长的美好生活需要。发展全过程人民民主，表明中国式现代化的政治建设，发展最广泛、最真实、最管用的民主，建设全链条、全方位、全覆盖的民主。丰富人民精神世界，表明中国式现代化的文化建设，以社会主义核心价值观为引领，巩固全体人民团结奋斗的共同思想基础。全体人民共同富裕，表明中国式现代化的社会建设，让现代化建设成果惠及全体人民，让人民获得感、幸福感、安全感更加充实、更有保障、更可持续。促进人与自然和谐共生，表明中国式现代化的生态文明建设，坚持绿水青山就是金山银山，推动形成绿色发展方式和生活方式。

第三，在中国式现代化的本质要求中，“推动构建人类命运共同体”“创造人类文明新形态”两条规定，体现了中国式现代化世界意义的价值逻辑，成为中国式现代化理论体系的落脚点。在数字信息技术推动下，世界已经成为一个“地球村”，全球化浪潮席卷世界每个角落，生活在同一片蓝天下、拥有同一个家园的各国人民福祸相连，命运与共，前途共享。构建人类命运共同体顺应这一时代发展潮流，是世界各国人民前途所在。随着中国特色大国外交的深入推进，这一重大理念日益转化为实际行动，得到越来越多国家和地区的认同，成为中国引领时代潮流和人类文明进步的鲜明旗帜。弘扬和平、发展、公平、正义、民主、自由的全人类共同价值，促进各国人民相知相亲，才能在共同应对各种全球性挑战中铸牢人类命运共同体。以“推动构建人类命运共同体”“创造人类文明新形态”为中国式现代化的本质要求，体现了中国共产党和中国人民的世界担当，体现了新时代中华民族推进和拓展中国式现代化的思想自觉、政治自觉、行动自觉。

（四）基本遵循：中国式现代化的重大原则

推进中国式现代化，必须牢牢把握坚持和加强党的全面领导、坚持中国特色社会主义道路、坚持以人民为中心的发展思想、坚持深化改革开放、坚持发扬斗争精神五个重大原则，为中国式现代化建设提供基本遵循，使中国式现代化始终沿着正确的方向和道路前进。

坚持和加强党的全面领导。党的领导是做好党和国家各项工作的根本保证，是战胜一切困难和风险的“定海神针”，是建设现代化国家、实现中华民族伟大复兴的根本保证。坚持和加强党的全面领导，首先要深刻领悟“两个确立”的决定性意义，增强“四个意识”、坚定“四个自信”、做到“两个维护”。其次，要以政治建设为统领，把党的政治建设摆在首位。我们党是按照马克思主义建党原则建立起来的，形成了包括党的中央组织、地方组织、基层组织在内的严密组织体系，这是世界上任何其他政党都不具有的强大优势。最后，要不断深化对我国经济社会发展规律的认识，切实提高领导我国经济社会发展的能力和水平。唯有坚持和加强党的全面领导，中国式现代化建设才能有定盘星和主心骨，才能集聚起万众一心、共创未来的强大力量。

坚持中国特色社会主义道路。方向决定道路，道路决定命运。中国式现代化不走封闭僵化的老路，这就保证了坚持把发展作为第一要务，不断解放和发展社会生产力；不走改旗易帜的邪路，这就保证了坚持和完善中国特色社会主义制度在各方面必须坚持的根本制度、基本制度、重要制度，做到“两个毫不动摇”。新时代新征程，只有坚持中国特色社会主义道路，才能确保中国式现代化始终沿着正确方向进行，才能确保全面建成社会主义现代化强国、全面推进中华民族伟大复兴顺利实现。

坚持以人民为中心的发展思想。坚持以人民为中心的发展思想，是马克思主义唯物史观的集中体现，是我们党的性质宗旨、初心使命的集中体现。坚持以人民为中心，要解决好中国式现代化为了谁的问题。在新时代，我们党领导人民全面建成小康社会、全面建设社会主义现代化国家，是为了不断实现人民对美好生活的向往，实现中华民族伟大复兴。要解决好中国式现代化依靠谁的问题。党的根基在人民、力量在人民，只要充分发挥广大人民群众的积极性主动性创造性，我们就能不断把党和国家事业推向前进。要解决好中国式现代化成果由谁共享的问题。为人民谋幸福、为民族谋复兴，这是我们党领导现代化建设的出发点和落脚点。只有坚持发展成果由人民共享，才会有正确的发展观、现代化观。

坚持深化改革开放。改革开放是决定当代中国前途命运的关键一招，是以中国式现代化全面推进中华民族伟大复兴的根本动力。深化改革开放，必须深入推进改革创新。建立高水平社会主义市场经济体制，激发各类市场主体活力，完善宏观经济治理，建立现代财税金融体制，建设高标准市场体系，加快转变政府职能，推动有效市场和有为政府更好结合，不断增强中国式现代化的活力和动力。深化改革开放，必须坚定不移扩大开放。坚定奉行互利共赢和更加积极主动的开放战略，形成更大范围、更宽领域、更深层次对外开放格局，构建互利共赢、多元平衡、安全高效的开放型经济体系，不断以中国新发展为世界提供新机遇，推动建设开放型世界经济，更好惠及各国人民。

坚持发扬斗争精神。志不求易者成，事不避难者进。中国式现代化取得的重大进展和巨大成就，都不是在风平浪静、一帆风顺中得来的，都是在风高浪急中依靠伟大斗争，战胜惊涛骇浪、渡过急流险滩得来的。当前，我国发展进入战略机遇和风险挑战并存，不确定难预料因素增多的时期，需要应对化解的风险挑战比以往更加错综复杂。在推进中国式现代化新征程上，我们要充分认识到新时代伟大斗争的长期性、复杂性、艰巨性，时刻准备应对重大挑战、抵御重大风险、克服重大阻力、解决重大矛盾。同时，要把握新的伟大斗争的历史特点，抓住和用好历史机遇，下好先手棋、打好主动仗，全力战胜一切可以预见和难以预见的风险挑战。

2024 年 10 月 29 日，习近平总书记在省部级主要领导干部学习贯彻党的二十届三中全会精神专题研讨班开班式上发表的重要讲话中再次强调，守正创新是进一步全面深化改革必须牢牢把握、始终坚守的重大原则。我们的改革是有方向、有原则的。坚持党的全面领导、坚持马克思主义、坚持中国特色社会主义、坚持人民民主专政，以促进社会公平正义、增进人民福祉为出发点和落脚点，这些都是管根本、管方向、管长远的，体现党的性质和宗旨，符合我国国情，符合人民根本利益，任何时候任何情况下都不能有丝毫动摇。

（五）科学方法：推进中国式现代化需要正确处理一系列重大关系

中国式现代化的理论体系，包含着对中国式现代化的规律揭示。习近平指出：“推进中国式现代化是一个系统工程，需要统筹兼顾、系统谋划、整体推进，正确处理好顶层设计与实践探索、战略与策略、守正与创新、效率与公平、活力与秩序、自立自强与对外开放等一系列重大关系。”① 正确处理好这六对重大关系，反映了新时代对中国式现代化规律认识的重大成果。

正确处理顶层设计与实践探索的关系。坚持顶层设计与实践探索的有机统一，是推进中国式现代化的行动指南。国家事业发展，好比行人走路远足。一个人在行进的过程中，忽遇河流险滩挡道，想要抵达理想的彼岸，怎么办？既然目标定在过河，就必须要顶层设计，预先不做调研，就造不出合适的桥和船，当然不想下水、害怕下水，一切都无从谈起。同时，也不能盲目瞎摸乱摸，因为随时可能会遇到暗流乱石，甚至呛水。换句话说，就是边摸石头边过河，边过河边摸石头。中国式现代化是分阶段、分领域推进的，实现各个阶段发展目标、落实各个领域发展战略离不开顶层设计。同时，还要在实践中大胆探索，通过改革创新推动事业发展，决不能刻舟求剑、守株待兔。

正确处理战略与策略的关系。坚持战略与策略的有机统一，是推进中国式现代化的重要法宝。战略是从全局、长远、大势上作出判断和决策，策略是在战略指导下为战略服务的，战略和策略是辩证统一的。正确运用战略和策略是我们党不断从胜利走向胜利的成功秘诀，推进中国式现代化必须把这一成功秘诀传承好、运用好、发展好。在增强战略的前瞻性、全局性、稳定性的同时，坚持策略的灵活性，在因地制宜、因势而动、

① 《习近平在学习贯彻党的二十大精神研讨班开班式上发表重要讲话强调　正确理解和大力推进中国式现代化》，《人民日报》2023 年 2 月 8 日。

顺势而为中把握战略主动。

正确处理守正与创新的关系。坚持守正与创新的有机统一，是推进中国式现代化的力量源泉。守正是对党的规律性认识的坚守、对优良传统的传承、对宝贵经验的坚持，守住了正才能行稳致远；创新是克服困难、解决问题、改变现状、发展创造，创得了新才能强基固本。创新以守正为前提，守正保证了创新的正确方向；守正以创新为目的，创新增强了守正的生命力。守正创新是中国特色社会主义新时代的必由之路，是马克思主义中国化时代化的智慧结晶，是我们党在新时代治国理政的重要思维。在推进中国式现代化伟大进程的征途中，要守好中国式现代化的本和源、根和魂，毫不动摇坚持中国式现代化的中国特色、本质要求、重大原则，确保中国式现代化的正确方向。还要把创新摆在国家发展全局的突出位置，顺应时代发展要求，着眼于解决重大理论和实践问题，大力推进改革创新，不断塑造发展新动能新优势。

正确处理效率与公平的关系。坚持效率与公平的有机统一，是中国式现代化建设应遵循的重要原则，也是实现共同富裕的必由之路。党的二十大进一步明确指出，实现全体人民共同富裕是中国式现代化的重要特征，这是党基于我国国情作出的重要论断。中国式现代化既要创造比资本主义更高的效率，作出更大更好的“蛋糕”，又要在分“蛋糕”的问题上充分彰显中国特色社会主义的制度优越性，更好实现效率与公平相兼顾、相促进、相统一。

正确处理活力与秩序的关系。坚持活力与秩序的有机统一，是中国式现代化的基本要求。中国式现代化应当实现活而不乱、活跃有序的动态平衡。活力是发展之源。现代化社会是一个有机体，要在生机勃勃、充满活力的状态下进行，如同百舸争流、千帆竞发。全面深化改革的十年，就是不断激发社会活力的过程。秩序是发展之要。现代化社会是一个大系统，要在紧密协同、有序运行的环境中展开，呈现出良好的秩序。没有稳定的秩序，什么事情也干不成。

正确处理自立自强与对外开放的关系。坚持自立自强与对外开放的有机统一，是中国式现代化得以顺利推进的必然要求。习近平指出，要坚持独立自主、自力更生，“坚持把国家和民族发展放在自己力量的基点上，坚持把中国发展进步的命运牢牢掌握在自己手中”①。新时代，党带领人民坚持自立自强，成功推进和拓展了中国式现代化，迈上了全面建设社会主义现代化国家的新征程。同时，中国式现代化离不开全球发展、共同繁荣，是开放发展的现代化。必须坚定扩大对外开放，不断扩大高水平对外开放，深度参与全球产业分工和合作，用好国内国际两种资源，拓展中国式现代化的发展空间。

（六）哲学基础：中国式现代化蕴含的独特“六观”

习近平强调：“中国式现代化蕴含的独特世界观、价值观、历史观、文明观、民主观、生态观等及其伟大实践，是对世界

① 《习近平著作选读》第一卷，人民出版社 2023 年版，第 22 页。

现代化理论和实践的重大创新。”[①] 这一重要论述蕴含着丰富的理论内涵，对于我们更加全面地把握中国式现代化时代价值和世界意义具有重要意义。

中国式现代化蕴含着独特的世界观。独特的世界观使中国式现代化具有广阔的世界视野，致力于以天下胸怀，为人类谋进步、为世界谋大同。中国式现代化不走殖民掠夺的老路，坚持和平发展道路，推动构建人类命运共同体；绕开国强必霸的歪路，以立己达人为指引，为实现全球治理贡献中国力量。中国式现代化道路的成功实践印证了现代化并非西方“专利”，打破了“现代化＝西方化”的迷思，在世界现代化大潮中凸显出独特的理论价值与现实意义。

中国式现代化蕴含着独特的价值观。独特的价值观使中国式现代化弘扬了中华民族优秀传统的价值观，践行了社会主义核心价值观，体现了科学社会主义价值主张，彰显了全人类共同价值观。中国式现代化扎根中国大地、传承灿烂文明，中华优秀传统文化价值观得以继承和发扬。中国式现代化坚持以人民为中心，追求人的全面发展、共同富裕、社会公平正义。中国式现代化立足中国、胸怀世界，倡导和平、发展、公平、正义、民主、自由的全人类共同价值，为推进世界现代化进程提供了共同价值纽带，指明了正确价值方向。

中国式现代化蕴含着独特的历史观。独特的历史观使中国

---

① 《习近平在学习贯彻党的二十大精神研讨班开班式上发表重要讲话强调　正确理解和大力推进中国式现代化》，《人民日报》2023年2月8日。

式现代化扎根于中华民族的历史和世界历史之中，用历史长河滋养着现代化的新生命体。中国式现代化探索之路就是中华民族伟大复兴梦想实现之路，以其独立探索性，凸显历史自信和历史主动。随着中国式现代化的推进和开拓，中华民族迎来了从站起来、富起来到强起来的历史性飞跃。中国式现代化开辟的现代化新道路，创造的人类文明新形态，是遵循世界现代化历史规律和坚持历史条件多样性的结合，改变了“东方从属于西方”的世界历史格局，展现了现代化的另一幅图景，拓展了发展中国家走向现代化的路径选择。

中国式现代化蕴含着独特的文明观。独特的文明观使中国式现代化的中华文明的无穷力量得到极大彰显，并广泛地吸收借鉴了人类创造的一切优秀文明成果，创造了人类文明新形态。文明是多彩的，人类文明因多样才有交流互鉴的价值，中国式现代化是推动文明交流互鉴的重要动力，文明因中国式现代化的发展更加瑰丽多姿。文明是平等的，人类文明因平等才有交流互鉴的前提，中国式现代化是推动文明交流互鉴的重要路径，文明因中国式现代化的生长而更加平等。文明是包容的，人类文明因包容才有交流互鉴的动力，中国式现代化是推动文明交流互鉴的重要基础，文明因中国式现代化的壮大而更加包容。文明是开放的，人类文明因开放才有交流互鉴的可能，中国式现代化是推动文明交流互鉴的重要保证，文明因中国式现代化的存在而更加开放。

中国式现代化蕴含着独特的民主观。独特的民主观使中国式现代化成为创造人类民主政治新形态的典范，推动全过程人民民主不断开花结果，民主成为推动中国发展与繁荣的重要基础。党的二十大报告指出："人民民主是社会主义的生命，是全面建设社会主义现代化国家的应有之义"[①]；"全过程人民民主是社会主义民主政治的本质属性，是最广泛、最真实、最管用的民主"[②]，在全面建设社会主义现代化国家新征程上，必须进一步提高"全过程人民民主制度化、规范化、程序化水平"[③]，"健全人民当家作主制度体系，扩大人民有序政治参与，保证人民依法实行民主选举、民主协商、民主决策、民主管理、民主监督""充分体现人民意志、保障人民权益、激发人民创造活力"[④]等等。这些精辟论述，成为深入凝练中国式现代化独特的民主观，把人民民主转化为全面建设社会主义现代化国家的强大动力的行动指南。

中国式现代化蕴含着独特的生态观。独特的生态观使中国式现代化成为人与自然和谐共生的现代化，成为世界生态文明的榜样。倡导"天人合一"的生态世界观、践行"绿水青山就是金山银山"的生态价值观、坚持从生态环境及其要素的视角来看待人类历史的生态历史观、倡导"生态"与"文明"互证互成的生态文明观、保障最广大人民群众的生态民生与民主权益的生态民主观等共同构成了中国式现代化生态观的核心内容，

---

① 《习近平著作选读》第一卷，人民出版社 2023 年版，第 30 页。

② 《习近平著作选读》第一卷，人民出版社 2023 年版，第 30—31 页。

③ 《习近平著作选读》第一卷，人民出版社 2023 年版，第 21 页。

④ 《习近平著作选读》第一卷，人民出版社 2023 年版，第 31 页。

彰显着中国式现代化独特的生态理念。

三、中国式现代化的任务书和时间表、路线图和施工图

党的二十大和二十届三中全会总体谋划了中国式现代化的任务书和时间表，具体部署了中国式现代化的路线图和施工图，具有里程碑意义。党的二十大是开启全面建设社会主义现代化国家新征程、向第二个百年奋斗目标进军的关键时刻召开的重要会议，首次明确提出以中国式现代化全面推进中华民族伟大复兴。党的二十届三中全会是在以中国式现代化全面推进强国建设、民族复兴伟业的关键时期举行的会议，全会审议通过的《中共中央关于进一步全面深化改革　推进中国式现代化的决定》（以下简称《决定》），是指导新时代新征程推进中国式现代化的纲领性文件。

中国共产党深刻把握中国式现代化的建设规律，实现了全面建成社会主义现代化强国的长远性与阶段性、整体性与具体性的有机统一。一方面，科学规划了中国式现代化的任务书和时间表，党的二十大在十九大的战略安排基础上，对全面建成社会主义现代化强国作了“两步走”的战略安排，从 2020 年到 2035 年基本实现社会主义现代化；从 2035 年到本世纪中叶把我国建成富强民主文明和谐美丽的社会主义现代化强国。第一步，到 2035 年我国发展的总体目标是：经济实力、科技实力、综合国力大幅跃升，人均国内生产总值迈上新的大台阶，达到中等发达国家水平；实现高水平科技自立自强，进入创新型国家前列；建成现代化经济体系，形成新发展格局，基本实现新型工

业化、信息化、城镇化、农业现代化；基本实现国家治理体系和治理能力现代化，全过程人民民主制度更加健全，基本建成法治国家、法治政府、法治社会；建成教育强国、科技强国、人才强国、文化强国、体育强国、健康中国，国家文化软实力显著增强；人民生活更加幸福美好，居民人均可支配收入再上新台阶，中等收入群体比重明显提高，基本公共服务实现均等化，农村基本具备现代生活条件，社会保持长期稳定，人的全面发展、全体人民共同富裕取得更为明显的实质性进展；广泛形成绿色生产生活方式，碳排放达峰后稳中有降，生态环境根本好转，美丽中国目标基本实现；国家安全体系和能力全面加强，基本实现国防和军队现代化。第二步，在基本实现现代化的基础上，到本世纪中叶，把我国建设成为综合国力和国际影响力领先的社会主义现代化强国。我国物质文明、政治文明、精神文明、社会文明、生态文明将全面提升，实现国家治理体系和治理能力现代化，全体人民共同富裕基本实现，我国人民将享有更加幸福安康的生活，中华民族将以更加昂扬的姿态屹立于世界民族之林。另一方面，清晰绘制了中国式现代化的路线图和施工图，党的二十大和二十届三中全会明确了未来几年是全面建设社会主义现代化国家开局起步的关键时期，提出了到 2029 年中华人民共和国成立八十周年时的具体目标任务。中国共产党充分汲取党百余年奋斗的历史养分，深入总结新时代以来伟大变革的宝贵经验，以更加强烈的历史自觉和更加宽广的世界眼光，对中国式现代化在党的领导、经济建设、政治建设、文化建设、社会建设、生态文明建设、国家安全、国防和军队、祖国统一、外交工作和党的建设等方面进行了全面部署，涉及改革发展稳定、内政外交国防、治党治国治军方方面面，生动擘画了全面建设社会主义现代化国家的宏伟蓝图，指明了新时代新征程党和人民事业发展的前进方向，极大丰富了中国式现代化的理论和实践。

（一）坚持党的领导是根本保证

中国式现代化，是中国共产党领导的社会主义现代化。坚持中国共产党领导，是中国式现代化的本质要求和重大原则。中国特色社会主义最本质的特征是中国共产党领导，中国特色社会主义制度的最大优势是中国共产党领导，中国共产党是最高政治领导力量，坚持党中央集中统一领导是最高政治原则。“党的领导直接关系中国式现代化的根本方向、前途命运、最终成败”①，是当代中国取得一切发展进步的根本政治前提和保证。

中国共产党作为中国式现代化的领航者和组织者，具有严密的组织体系和强大的社会动员能力，能够有效协调党和国家事业各领域重大关系，充分调动全党全国各族人民的积极性，充分汇聚各方面的资源和力量。推进中国式现代化，必须坚持党对一切工作的领导，坚决维护党中央权威和集中统一领导，把党的领导落实到党和国家事业各领域各方面各环节，使党始终成为风雨来袭时全体人民最可靠的主心骨，确保我国社会主

① 习近平：《中国式现代化是中国共产党领导的社会主义现代化》，《求是》2023年第11期。

义现代化建设的正确方向，确保凝聚起人民群众团结奋斗的磅礴力量。党的领导是全面的、系统的、整体的，必须全面、系统、整体加以落实。必须健全总揽全局、协调各方的党的领导制度体系，加强党中央对重大工作的集中统一领导，落实各级党委（党组）主体责任，创新和改进领导方式，持续净化党内政治生态。全党同志必须深刻领悟“两个确立”的决定性意义，增强“四个意识”、坚定“四个自信”、做到“两个维护”，不断提高政治判断力、政治领悟力、政治执行力，始终在思想上政治上行动上同以习近平同志为核心的党中央保持高度一致。“只有毫不动摇坚持党的领导，中国式现代化才能前景光明、繁荣兴盛；否则就会偏离航向、丧失灵魂，甚至犯颠覆性错误。”①

（二）推动经济高质量发展

高质量发展是中国式现代化的本质要求，是全面建设社会主义现代化国家的首要任务。发展是党执政兴国的第一要务。必须立足全面建设社会主义现代化国家的新发展阶段，深入贯彻创新、协调、绿色、开放、共享的新发展理念，加快构建以国内大循环为主体、国内国际双循环相互促进的新发展格局，要坚持以推动高质量发展为主题，把实施扩大内需战略同深化供给侧结构性改革有机结合起来，推动经济实现质的有效提升和量的合理增长，推动经济发展从“有没有”转向“好不好”，

---

① 《习近平在学习贯彻党的二十大精神研讨班开班式上发表重要讲话强调　正确理解和大力推进中国式现代化》，《人民日报》2023 年 2 月 8 日。

发挥高质量发展对现代化建设的基础性、牵引性作用，夯实全面建成社会主义现代化强国的物质技术基础。

党的二十大和二十届三中全会提出了高质量发展五个方面的重点任务。第一，构建高水平社会主义市场经济体制，坚持和完善社会主义基本经济制度，坚持两个“毫不动摇”，处理好政府和市场的关系，充分发挥市场在资源配置中的决定性作用，更好发挥政府作用。深化国资国企改革，促进民营经济发展壮大，支持中小微企业发展。深化简政放权、放管结合、优化服务改革。构建全国统一大市场，建设高标准市场体系，完善市场经济基础制度，推进宏观经济治理体系和治理能力现代化，深化金融体制改革，依法规范和引导资本健康发展。第二，建设现代化产业体系方面，因地制宜发展新质生产力，坚持把发展经济的着力点放在实体经济上，推进新型工业化，加快建设制造强国、质量强国、航天强国、交通强国、网络强国、数字中国。巩固优势产业领先地位，大力发展战略性新兴产业，构建优质高效的服务业新体系，建设高效顺畅的流通体系，加快发展数字经济，构建现代化基础设施体系。第三，全面推进乡村振兴，实施乡村振兴战略，坚持农业农村优先发展，推动农业农村现代化，必须加快建设农业强国，全方位夯实粮食安全根基，发展乡村特色产业，巩固拓展脱贫攻坚成果，统筹乡村基础设施和公共服务布局。第四，促进区域协调发展，深入实施区域协调发展战略、区域重大战略、主体功能区战略、新型城镇化战略，优化重大生产力布局，构建优势互补、高质量发展的区域经济布局和国土空间体系。推进以人为核心的新型城镇化，加快农业转移人口市民化。第五，推进高水平对外开放，依托我国超大规模市场优势，以国内大循环吸引全球资源要素，增强国内国际两个市场两种资源联动效应，提升贸易投资合作质量和水平。稳步扩大制度型开放，加快建设贸易强国，合理缩减外资准入负面清单，推动共建“一带一路”高质量发展。优化区域开放布局，加快建设海南自由贸易港，推进人民币国际化，深度参与全球产业分工和合作。

（三）强化教育、科技、人才支撑

教育、科技、人才是全面建设社会主义现代化国家的基础性、战略性支撑。教育是根本，科技是关键，人才是基础。必须坚持科技是第一生产力、人才是第一资源、创新是第一动力，坚持教育优先发展、科技自立自强、人才引领驱动，深入实施科教兴国战略、人才强国战略、创新驱动发展战略，努力建成教育强国、科技强国、人才强国。

教育方面，教育是国之大计、党之大计。育人的根本在于立德。必须全面贯彻党的教育方针，落实立德树人根本任务，培养德智体美劳全面发展的社会主义建设者和接班人。坚持以人民为中心发展教育，促进教育公平，提高教育质量，提升教育服务经济社会发展能力，深化教育领域综合改革，加强教师队伍建设，办好人民满意的教育。

科技方面，中国式现代化关键在科技现代化，以 2035 年我国进入创新型国家前列为目标，完善科技创新体系，坚持创新在我国现代化建设全局中的核心地位，完善党中央对科技工作统一领导的体制，深化科技体制改革，培育创新文化，扩大国际科技交流合作，实现高水平科技自立自强。同时，加快实施创新驱动发展战略，坚持打赢关键核心技术攻坚战，增强自主创新能力，加强基础研究，提升科技投入效能，优化国家战略科技力量定位和布局。

人才方面，实施人才强国战略，坚持党管人才原则，坚持尊重劳动、尊重知识、尊重人才、尊重创造，完善人才战略布局，加快建设世界重要人才中心和创新高地，加快建设国家战略人才力量，加强人才国际交流，深化人才发展体制机制改革，“着力把党内和党外、国内和国外各方面优秀人才集聚到党和人民的伟大奋斗中来”①。

（四）发展全过程人民民主

人民民主是社会主义的生命，发展全过程人民民主是中国式现代化的本质要求和应有之义。必须坚定不移走中国特色社会主义政治发展道路，坚持党的领导、人民当家作主、依法治国有机统一，坚持人民主体地位，充分体现人民意志、保障人民权益、激发人民创造活力。发展全过程人民民主，坚持过程民主和成果民主的统一、程序民主和实质民主的统一、直接民主和间接民主的统一、人民民主和国家意志的统一，实现全链条、全方位、全覆盖的民主，实现最广泛、最真实、最管用的民主。

---

① 《习近平著作选读》第二卷，人民出版社2023年版，第517页。

必须健全人民当家作主的制度体系。第一，加强人民当家作主制度保障。坚持和完善我国根本政治制度、基本政治制度、重要政治制度，拓展民主渠道，丰富民主形式。第二，全面发展协商民主。协商民主是实践全过程人民民主的重要形式。必须坚持和完善中国共产党领导的多党合作和政治协商制度，完善协商民主体系，统筹推进政党协商、人大协商、政府协商、政协协商、人民团体协商、基层协商以及社会组织协商。第三，积极发展基层民主。基层民主是全过程人民民主的重要体现。完善基层党组织领导的基层群众自治制度，加强基层组织建设，完善办事公开制度。第四，巩固和发展最广泛的爱国统一战线。人心是最大的政治，统一战线是凝聚人心、汇聚力量的强大法宝。必须完善大统战工作格局，坚持大团结大联合，发挥我国社会主义新型政党制度优势，铸牢中华民族共同体意识，积极引导宗教与社会主义社会相适应，加强和促进海内外中华儿女大团结。

（五）加强法治建设

“一个现代化国家必然是法治国家。”① 全面依法治国是中国式现代化的内在要求和基本保障。必须要坚持走中国特色社会主义法治道路，建设中国特色社会主义法治体系，建设社会主义法治国家，坚持依法治国、依法执政、依法行政共同推进，

---

① 《习近平关于协调推进“四个全面”战略布局论述摘编》，中央文献出版社 2015 年版，第 109 页。

坚持法治国家、法治政府、法治社会一体建设，在法治轨道上全面建设社会主义现代化国家。

推进法治现代化，需要在立法、执法、司法、守法四个方面下功夫。首先，科学立法。完善以宪法为核心的中国特色社会主义法律体系，坚持依宪治国、依宪执政，加强宪法实施和监督，加强重点领域、新兴领域、涉外领域立法，推进科学立法、民主立法、依法立法，坚持科学决策、民主决策、依法决策。其次，严格执法。法律的生命力在于实施，法治政府建设是全面依法治国的重点任务和主体工程。全面建设职能科学、权责法定、执法严明、公开公正、智能高效、廉洁诚信、人民满意的法治政府，不断提升依法行政水平。再次，公正司法。公正司法是维护社会公平正义的最后一道防线。深化司法体制综合配套改革，全面准确落实司法责任制，加快建设公正高效权威的社会主义司法制度，努力让人民群众在每一个司法案件中感受到公平正义。规范司法权力运行，强化对司法活动的制约监督。最后，全民守法。法治社会是构筑法治国家的基础。深入开展法治宣传教育，弘扬社会主义法治精神，传承中华优秀传统法律文化，增强全民法治观念，加快建设法治社会，使尊法学法守法用法在全社会蔚然成风。

（六）推进文化自信自强

中国式现代化是物质文明和精神文明相协调的现代化。文化是一个国家、一个民族的灵魂。必须推进文化自信自强，发展社会主义先进文化，弘扬革命文化，传承中华优秀传统文化，必须更好担负起新的文化使命，在新起点上继续推动文化繁荣、建设文化强国，为推进和拓展中国式现代化注入强大精神力量、提供丰厚文化底蕴。

第一，坚持马克思主义在意识形态领域指导地位的根本制度，加强马克思主义理论建设，塑造主流舆论新格局，巩固全党全国人民团结奋斗的共同思想基础。第二，引导公民广泛践行社会主义核心价值观对国家、社会、公民的价值要求，弘扬以伟大建党精神为源头的中国共产党人精神谱系，坚定理想信念。第三，提升全社会文明程度，社会文明程度是衡量一个国家现代化水平的显著标志，实施公民道德建设工程，培育时代新风新貌，使人们在“日用而不觉”中提高道德水准和文明素养。第四，繁荣发展文化事业和文化产业，坚持以人民为中心的创作导向，丰富人民精神文化生活。坚持把社会效益放在首位、社会效益和经济效益相统一，深化文化体制改革。健全现代公共文化服务体系，保障人民的文化权益。第五，守护传承好中华民族的文化根脉，推动中华优秀传统文化创造性转化、创新性发展，保护传承文化遗产。第六，推动中华文化走出去，向世界展示中华文明的精神标识和文化精髓，增强中华文化在国际上的影响力和竞争力，加强国际传播能力建设，全面提升国际传播效能，促进文明交流互鉴。

（七）实现人民对美好生活的向往

“江山就是人民、人民就是江山，打江山、守江山，守的是人民的心。”[1] 人民是推进现代化最坚实的根基、最深厚的力量，中国式现代化的本质与核心是人的现代化。必须坚持以人民为中心的发展思想，维护人民利益，增进人民福祉，不断实现发展为了人民、发展依靠人民、发展成果由人民共享，在发展中保障和改善民生，坚持尽力而为、量力而行，解决好同老百姓生活息息相关的教育、就业、医疗卫生、社会保障、社会稳定等民生问题，扎实推进共同富裕，努力让现代化建设成果更多更好惠及全体人民，不断实现人民对美好生活的向往。

第一，完善分配制度。收入分配是民生之源。构建初次分配、再分配、第三次分配协调配套的制度体系，规范收入分配秩序，有效增加低收入群体收入、稳步扩大中等收入群体规模、合理调节过高收入。第二，实施就业优先战略。就业是最基本的民生。健全高质量充分就业促进机制，完善就业公共服务体系，着力推动解决结构性就业矛盾，健全劳动法律法规。第三，健全社会保障体系。社会保障体系是人民生活的安全网和社会运行的稳定器。健全覆盖全民、统筹城乡、公平统一、安全规范、可持续的多层次社会保障体系。第四，推进健康中国建设。人民健康是民族昌盛和国家强盛的重要标志。必须把保障人民健康放在优先发展的战略位置，优化人口发展战略，实施积极应对人口老龄化国家战略。

中国式现代化是全体人民共同富裕的现代化。共同富裕是中国特色社会主义的本质要求，是中国式现代化的重要特征。

---

① 《习近平著作选读》第二卷，人民出版社 2023 年版，第 482 页。

必须大力推动高质量发展，进一步做大“蛋糕”，创造丰厚的物质条件，建立合理的制度分好“蛋糕”，兼顾效率与公平，防止两极分化，最终促进人的全面发展达到更高的境界。

（八）促进人与自然和谐共生

中国式现代化是人与自然和谐共生的现代化。人与自然和谐共生，是中国式现代化的本质要求。尊重自然、顺应自然、保护自然，是全面建设社会主义现代化国家的内在要求。必须站在人与自然和谐共生的高度谋划发展，牢固树立和践行绿水青山就是金山银山理念，将经济发展和生态环境保护有机统一起来，推进美丽中国建设。

第一，坚持走绿色化、低碳化的高质量发展之路，加快推动产业结构、能源结构、交通运输结构等调整优化，推进各类资源节约集约利用，推动形成绿色低碳的生产方式和生活方式。第二，推进生态环境污染防治，坚持精准治污、科学治污、依法治污，持续深入打好蓝天、碧水、净土保卫战，持续开展大气、水、土壤污染防治，提高生态环境质量。第三，坚持山水林田湖草沙一体化保护和系统治理，加强生态保护和修复力度，推进自然保护地体系建设，保护生物多样性，科学开展大规模国土绿化行动，推行草原森林河流湖泊湿地休养生息，提升生态系统多样性、稳定性、持续性。第四，积极稳妥推进碳达峰碳中和，立足我国能源资源禀赋，深入推进能源革命，加快规划建设新型能源体系，坚持先立后破，有计划分步骤实施碳达峰行动，使我国二氧化碳排放力争于 2030 年前达到峰值，努力争取 2060

年前实现碳中和。第五，推动共建地球生命共同体，积极参与全球环境治理，推动全球可持续发展，为人类保护地球家园、解决人类与自然界的矛盾提供中国智慧、展现大国担当。

（九）推进国家安全体系和能力现代化

国家安全是民族复兴的根基，是中国式现代化行稳致远的重要基础。“实现中华民族伟大复兴的中国梦，保证人民安居乐业，国家安全是头等大事。”① 必须全面贯彻总体国家安全观，统筹发展和安全，为新时代党和国家事业顺利推进提供牢靠安全保障，建设更高水平的平安中国，以新安全格局保障新发展格局。

第一，健全国家安全体系。坚持党中央对国家安全工作的集中统一领导，强化国家安全工作协调机制，完善国家安全力量布局。第二，全面提升国家安全能力。坚定维护国家政权安全、制度安全、意识形态安全，加强重点领域安全能力建设。维护涉外国家安全利益，完善周边安全工作协调机制，加强涉外安全风险防范。加强国家安全教育，提升全民安全意识。第三，维护公共安全。必须坚持预防为主，推动公共安全治理模式向事前预防转型，做到未雨绸缪，防患于未然。抓好安全生产工作，加强对重点行业和领域安全监管。提高防灾减灾救灾和重大突发公共事件处置保障能力。强化食品药品安全、生物安全、网络安全监管。第四，完善社会治理体系。社会治理是

① 《习近平关于总体国家安全观论述摘编》，中央文献出版社2018年版，第10页。

国家治理的重要领域。健全共建共治共享的社会治理制度，提升社会治理效能。汲取新时代“枫桥经验”“浦江经验”，完善正确处理新形势下人民内部矛盾机制。加快推进市域社会治理现代化。织牢扫黑除恶“保护网”，动员群防群治的重要力量，改善社会治安环境。

（十）推进国防和军队现代化

国防和军队现代化是中国式现代化的重要组成部分。“强国必须强军，军强才能国安。”① 中国共产党提出推动国防和军队现代化新“三步走”战略安排，到 2027 年实现建军一百年奋斗目标、到 2035 年基本实现国防和军队现代化、到本世纪中叶全面建成世界一流军队，明确了全面建设社会主义现代化国家的战略要求。必须贯彻新时代党的强军思想，贯彻新时代军事战略方针，坚持政治建军、改革强军、科技强军、人才强军、依法治军，加快军事理论现代化、军队组织形态现代化、军事人员现代化、武器装备现代化，有效履行新时代人民军队使命任务，为捍卫国家主权、统一、领土完整提供战略支撑。

第一，坚持党对人民军队的绝对领导，是推进国防和军队现代化的“生命线”和“压舱石”。必须确保枪杆子永远听党指挥，全面深入贯彻军委主席负责制，深化党的创新理论武装，加强军史学习教育，建强人民军队党的组织体系。第二，全面加强练兵备战。军队的生命力在于战斗力，必须坚持战斗力这

① 《习近平著作选读》第二卷，人民出版社 2023 年版，第 484 页。

个唯一的根本的标准，创新军事战略指导，深入推进实战化军事训练，提高人民军队打赢能力。第三，全面加强军事治理，巩固拓展国防和军队改革成果。必须加强国防和军队建设重大任务战建备统筹、培养军事人才、加强依法治军、改进战略管理，着力构建现代军事治理体系。第四，巩固提高一体化国家战略体系和能力。加强军地战略规划统筹、政策制度衔接、资源要素共享，实现国家战略能力最大化，巩固发展军政军民团结。

（十一）推进祖国统一

坚持和完善"一国两制"、推进祖国统一是全面建设社会主义现代化国家的重要内容。

"一国两制"必须坚持。全面准确、坚定不移贯彻"一国两制"、"港人治港"、"澳人治澳"、高度自治的方针，坚持依法治港治澳，维护宪法和基本法确定的特别行政区宪制秩序。促进香港、澳门经济发展，深化香港、澳门同各国各地区的交往合作，推进粤港澳大湾区建设。壮大爱国爱港爱澳力量，增强国家意识和爱国精神，坚决打击反中乱港乱澳势力。

祖国统一势在必行。解决台湾问题、实现祖国完全统一，是党矢志不渝的历史任务，是全体中华儿女的共同愿望，是实现中华民族伟大复兴的必然要求。必须坚持贯彻新时代党解决台湾问题的总体方略，牢牢掌握两岸关系主导权和主动权，推进祖国统一大业。"和平统一、一国两制"方针是实现祖国统一的最佳方式，必须坚持一个中国原则和"九二共识"。促进两岸经济文化交流合作，深化两岸各领域融合发展。坚决遏制“台独”势力及其分裂活动，坚持以最大诚意、尽最大努力争取和平统一的前景，但决不承诺放弃使用武力。

（十二）推动构建人类命运共同体

推动构建人类命运共同体作为中国式现代化的本质要求。中国秉持为人类谋进步、为世界谋大同的天下情怀，坚持走和平发展道路，维护世界和平、促进共同发展，推动构建人类命运共同体，推动建设一个持久和平、普遍安全、共同繁荣、开放包容、清洁美丽的世界。

坚持全面推进中国特色大国外交。第一，坚定奉行独立自主的和平外交政策，尊重各国主权和领土完整，坚持永远不称霸、永远不搞扩张。第二，坚持在和平共处五项原则基础上同各国发展友好合作，推动构建相互尊重、公平正义、合作共赢的新型国际关系，推动构建和平共处、总体稳定、均衡发展的大国关系格局，深化同周边国家友好互信和利益融合，加强同发展中国家团结合作，加强同各国政党和政治组织交流合作。第三，坚持对外开放的基本国策，坚定奉行互利共赢的开放战略，推动建设开放型世界经济。坚持经济全球化，推动营造有利于发展的国际环境，反对保护主义、单边制裁。第四，积极参与全球治理体系改革和建设，践行共商共建共享的全球治理观，坚持真正的多边主义。坚定维护以联合国为核心的国际体系，增强新兴市场国家和发展中国家在全球事务中的代表性和发言权，为维护世界和平和地区稳定发挥建设性作用。第五，坚持弘扬和平、发展、公平、正义、民主、自由的全人类共同价值，反对一些国家鼓吹的所谓“普世价值”，尊重世界文明多样性，为推动构建人类命运共同体奠定了价值根基。

（十三）推进新时代党的建设新的伟大工程

全面建设社会主义现代化国家、全面推进中华民族伟大复兴，关键在党。必须深入推进新时代党的建设新的伟大工程，落实新时代党的建设总要求，健全全面从严治党体系，保持解决大党独有难题的清醒和坚定，不断推进党的自我净化、自我完善、自我革新、自我提高。

政治建设是党的根本性建设。保证全党服从中央，维护党中央权威和集中统一领导，是党的政治建设的首要任务。要坚决维护习近平总书记党中央的核心、全党的核心地位，坚决维护党中央权威和集中统一领导。发挥党的政治建设的统领性作用，必须把准政治方向、站稳政治立场、营造良好政治生态、提高政治能力。

思想建设是党的基础性建设。“加强思想教育和理论武装，是党内政治生活的首要任务，是保证全党步调一致的前提。”①必须加强理想信念教育，坚持用习近平新时代中国特色社会主义思想武装头脑，把全党全国各族人民的思想进一步统一起来、意志进一步凝聚起来，促进学习成果转化为增强“四个意识”、坚定“四个自信”、做到“两个维护”的政治自觉和行动自觉。

---

① 《习近平著作选读》第一卷，人民出版社 2023 年版，第 523 页。

在组织建设方面，一方面，增强党组织政治功能和组织功能。各级党组织要履行党章赋予的各项职责，把党的路线方针政策和党中央决策部署贯彻落实好，把各领域广大群众组织凝聚好。另一方面，建设堪当民族复兴重任的高素质干部队伍。坚持党管干部原则，树立选人用人正确导向，选拔忠诚干净担当的高素质专业化干部，坚持把政治标准放在首位，为全面建设社会主义现代化国家提供有力的干部支撑。

在作风建设方面，必须紧紧围绕保持党同人民群众的血肉联系，弘扬党的光荣传统和优良作风，促进党员干部特别是领导干部带头深入调查研究。持续不断贯彻落实中央八项规定及实施细则精神，抓住“关键少数”以上率下，持续深化纠治“四风”，重点纠治形式主义、官僚主义，坚决破除特权思想和特权行为。

在纪律建设方面，党要管党、从严治党，就要靠严明纪律和规矩。全面加强党的纪律建设，督促领导干部特别是高级干部严于律己、严负其责、严管所辖，对违反党纪的问题，发现一起坚决查处一起。

在制度建设方面，法规制度带有根本性、全局性、稳定性、长期性。要把制度建设贯穿到党的各项建设之中，完善党的自我革命制度规范体系。坚持制度治党、依规治党，以党章为根本，以民主集中制为核心，完善党内法规制度体系。完善权力监督制约机制，以党内监督为主导，促进各类监督贯通协调，让权力在阳光下运行。

在反腐败斗争方面，坚决打赢反腐败斗争攻坚战持久战。

坚持不敢腐、不能腐、不想腐一体推进，同时发力、同向发力、综合发力。以零容忍态度反腐惩恶，深化整治权力集中、资金密集、资源富集领域的腐败，深化反腐败国际合作，深化标本兼治，推进反腐败国家立法，加强新时代廉洁文化建设。

四、为“古今中西之争”提供新时代答案

如何处理“古今中外”的关系，是中华文明不断拓展、深化、提升的核心问题。什么是“古今中西之争”？在长期的发展演变过程中，一个文明体必然在纵向时间层面上面临着如何处理传统与现代的关系，在横向空间层面上面临着如何处理自身与他者的关系。就中华文明而言，就是指面对如何对待古代文化与现代文化，以及民族文化与外来文化的关系问题。

在人类社会发展过程中，中华民族创造了悠久灿烂的中华文明，长期屹立于世界民族之林。然而，自鸦片战争叩开中国的大门，国家蒙辱、人民蒙难、文明蒙尘，中华文明遭受了前所未有的劫难。为实现民族独立、人民解放，中华民族奋起反对帝国主义压迫，在思想文化领域表现为以儒家文化为核心的中华文明应对现代西方文明的冲击。东方文化派固守着“中体西用”的思维模式，用西方文化对孔孟之学进行改造。西方文化派则认为中华文化已经过时，西方文化才是现代化的方向，因而一味醉心欧化、西化。中华文明由此陷入文化认同危机、文化主体性丧失危机。中国文明的出路到底是“中国本位”还是“全盘西化”成为“古今中西之争”的核心内容。直到有了马克思主义的科学指导，毛泽东提出发展“民族的科学的大众

的文化”，坚持“古为今用，洋为中用”，摒弃传统文化中的糟粕，继承优秀文化，同时汲取外来文化的进步元素，破除了对待“古今中外”相互对立的固化思维，开辟了中华文明现代发展的全新道路。改革开放以后，西方资本主义文化传入中国的同时，“文化热”“国学热”日渐兴起，引发人们进一步思考传统文化与现代文化的关系，不断超越“古今中西之争”。新时代以来，中国共产党人高度重视中华优秀传统文化的传承和发展，强调文明交流互鉴的重要性，在融通中外、贯通古今的基础上再造文化生命体。习近平总书记精辟指出：“经过长期努力，我们比以往任何一个时代都更有条件破解‘古今中西之争’，也比以往任何一个时代都更迫切需要一批熔铸古今、汇通中西的文化成果。”①

在 2023 年 6 月召开的文化传承发展座谈会上，习近平总书记提出“中国式现代化赋予中华文明以现代力量”② 的论断，将中国式现代化的探索实践与中华文明的传承发展联系起来，揭示了中国式现代化对中华文明的影响。中国式现代化与中华文明相互促进、相得益彰，中国式现代化深刻推动了中华文明的传承、发展和创新。

（一）中国式现代化奠定中华文明的坚实基础

马克思、恩格斯揭示了文明的发展是由生产力与生产关系、

① 习近平：《在文化传承发展座谈会上的讲话》，人民出版社 2023 年版，第 11 页。
② 习近平：《在文化传承发展座谈会上的讲话》，人民出版社 2023 年版，第 7 页。

经济基础与上层建筑的矛盾运动所决定的，离不开技术、制度、文化等因素的作用。中国式现代化在推动中国由传统农业文明向现代工业文明转型的同时，也推动中华文明向现代转型，为中华文明的复兴之路夯实了现代经济基础、提供了现代政治保障、赋予了现代文化支撑，使中华文明在新时代迎来光明前景。

生产力是衡量社会发展的根本标准。物质生产力是文明延续和发展的根本基础，能够为文明进步提供强大动力。近代以来，对于中国这样一个落后的农业国来说，实现工业化是现代化的首要目标。新中国成立后，中国共产党带领全国各族人民开始了“社会主义工业化”的探索，确立“四个现代化”的宏伟目标，实现国民经济快速增长，改变了过去“一穷二白”的落后面貌。改革开放以来，党和国家进一步解放和发展社会生产力，以经济建设为中心，提出建设小康社会，确立“三步走”现代化发展战略，确立社会主义市场经济体制，使人民生活明显改善，综合国力显著增强。2010 年，中国超过日本，成为世界第二大经济体，为经济全球化发展注入了强劲动力，激活了世界经济的“一池春水”。新时代，中国共产党明确“两个一百年”奋斗目标，作出“两步走”战略安排，建设现代化产业体系、大力发展新质生产力，创新与科技实现飞跃式发展，完成脱贫攻坚，为发展社会主义物质文明打开了新的路径，中国经济实现历史性跃升，国内生产总值从 2012 年的 53.9 万亿元增长到 2023 年的 126 万亿元，中国成为世界经济增长的重要引擎，为全球经济复苏注入更强劲动能。社会生产力从低级到高级、从落后到先进的不断演进决定了文明的不断进步。中国的现代化进程极大地解放了生产力，用几十年时间走完了发达国家几百年走过的工业化历程，实现了从温饱不足到总体小康再到全面小康的历史性跨越，为中华文明创造了新动能，真正解决了中华文明传承发展的物质基础问题，使中华文明在经济实力和综合国力的壮大中获得坚实的物质技术条件。

政治制度是文明稳定延续和发展的重要保障，通过其运作机制和规则影响着文化的发展方向。新中国的建立，使中国实现了从封建专制向人民民主的伟大飞跃，为中国实现现代化和中华文明发展创造了根本社会条件。中国共产党带领中国人民完成三大改造，建立社会主义制度，奠定了中国文明承续发展的根本政治前提和制度基础。改革开放后，中国共产党领导确立了包括人民代表大会制度的根本政治制度，中国共产党领导的多党合作和政治协商制度、民族区域自治制度以及基层群众自治制度等基本政治制度的中国特色社会主义制度，为中华文明发展提供了更为完善的制度保障。新时代，中国共产党不断推进政治体制改革，坚持发展全过程人民民主、坚持全面依法治国，推动国家治理体系和治理能力现代化，不断完善和发展中国特色社会主义制度。在现代化进程中，中国共产党作为最高政治领导力量引领中国式现代化，直接关系中华文明的发展方向和前途命运，是中华文明取得一切发展进步的根本保证。党的领导、人民当家作主、依法治国三者有机结合，统一于中国特色社会主义民主政治伟大实践。中国特色社会主义制度，具备强大的政治优势与制度优势，能够集中力量办大事，使中国现代化并没有像西方现代化那样不可避免地出现社会分化和阶级对立，相反，造就了稳定的社会生产和政治环境，推动中华民族共同体的形成，促进社会主义政治文明发展，为中国式现代化提供了政治制度支持，为中华文明的传承发展奠定了坚实的制度基础、创造了稳定的社会环境。同时，中国式现代化积累了丰富的政治建设经验和制度建设成果，使中华文明中固有的优秀传统政治思想与现代国家制度和政治体系相结合，在新时代社会主义民主政治实践中彰显生机与活力。

文化与文明密切相关，文化是文明的基础，文明是文化的升华。文化作为观念上层建筑的重要组成部分，在推动现代化发展和中华文明演进过程中起到了重要作用。“俄国十月革命之后，才找到马克思列宁主义这个最好的真理，作为解放我们民族的最好的武器。”① 中国共产党一经成立，就确立马克思主义为指导思想。马克思主义科学揭示了社会发展和文明进步的一般规律，是引领被压迫民族和人民奋起反抗的理论，中国共产党从中看到了国家独立、民族复兴、文化重建的曙光，在革命、建设和改革的各个时期，将马克思主义基本原理同中国具体实际相结合、同中华优秀传统文化相结合，逐渐确立马克思主义为主流意识形态，为中华文明的新生与复兴提供了根本思想指引和科学指导，使中华文明不断呈现新形态。新时代，中国共产党提出文化自信、“两个结合”，阐释中华文明的五大突出特性，明确了在新起点上继续推动文化繁荣、建设文化强国新的文化使命，揭示了中华文明持续推进的文化动因。在新时代形

---

① 《毛泽东选集》第三卷，人民出版社 1991 年版，第 796 页。

成的习近平文化思想，是指引中华文明革故鼎新的重大理论创新，是中华文明不断焕发生机的强大思想武器和科学行动指南，将汇聚起建设中华文明的内在精神动力和广泛实践力量。

（二）中国式现代化以“第二个结合”为必由之路

“在五千多年中华文明深厚基础上开辟和发展中国特色社会主义，把马克思主义基本原理同中国具体实际、同中华优秀传统文化相结合是必由之路。”① “两个结合”是中国式现代化和中华文明深化发展的现实土壤和必由之路，“第二个结合”是对以往文明形态的辩证超越和主动革新，开启了中华文明的现代之路。

近代以来，在西方文明的猛烈冲击下，中华文明暴露出落后于时代的态势，在把目光投向中国之外时发现了马克思主义，“自从中国人学会了马克思列宁主义以后，中国人在精神上就由被动转入主动。从这时起，近代世界历史上那种看不起中国人，看不起中国文化的时代应当完结了”②。一百余年来，中国共产党根据中国社会不同历史时期的现实情况，围绕“现代化”对马克思主义进行创造性的运用和发展，将马克思主义基本原理同中国具体实际相结合、同中华优秀传统文化相结合，特别是坚持“第二个结合”，开辟了中国式现代化新道路。首先，“第二个结合”彼此契合，赋予了中国式现代化深厚的文化底蕴。

---

① 习近平：《在文化传承发展座谈会上的讲话》，人民出版社 2023 年版，第 5 页。

② 《毛泽东选集》第四卷，人民出版社 1991 年版，第 1516 页。

马克思主义与中华优秀传统文化虽然诞生于不同的时空环境，但在价值观念、理论特质、思维方式等方面存在着显著的契合性，例如，马克思主义群众史观与中华优秀传统文化中“民惟邦本”思想相契合，马克思主义指导下形成的中国共产党人的革命精神与中华民族一贯倡导的革故鼎新、自强不息精神相一致，马克思主义关于共产主义的理想信念与中国传统“天下为公”的社会追求相融通……马克思主义与中华优秀传统文化的相互契合之处转化为中国共产党领导中国式现代化的价值追求，为中国式现代化提供了强大的理论支撑和动力支持，赋予中国特色社会主义道路深厚的文化底蕴。其次，“第二个结合”互相成就，造就了中国式现代化新的文化形态。马克思主义真理之光激活中华文明基因、激活中华优秀传统文化的生命力，推动了中华文明的生命更新和现代转型，中华优秀传统文化推动马克思主义不断实现中国化时代化的新飞跃，使马克思主义彰显出鲜明的中国风格与中国气派。二者深刻的“化学反应”造就了一个有机统一的新的文化生命体，经由“结合”而形成了新文化，发展出中国式现代化新的文化形态、中华文明的现代形态，筑牢了中国式现代化的文化根基。再次，“第二个结合”打开创新空间，巩固了文化主体性。中国共产党主动将马克思主义基本原理同中国具体实际、同中华优秀传统文化相结合，对中华优秀传统文化进行创造性转化、创新性发展，继承革命文化，发展社会主义先进文化，借鉴吸收人类一切优秀文明成果，突破了文化的旧形态，在组成要素、功能结构等方面对文化进行深层次的改造，中华文明实现了兼具民族性和现代性的创新。

中华民族重新找回了文化意义上坚定的自我，找到了文化自信的根本依托，巩固了文化主体性，重构了国家认同的文化基础，从而增强了中国共产党引领中国式现代化的精神文化力量。

中国式现代化既具备现代化的普遍性，又具备中国式的特殊性，其特殊性就体现于中国具体实际与中华优秀传统文化。“两个结合”要求中国现代化必须根据变化发展的中国国情和源远流长的文化传统进行实践创新，在科学的理论指导和宏阔深远的历史纵深中不断化解前进路上的各种风险挑战，要求中国式现代化实践以马克思主义理论为指导解决现实问题，形成与时俱进的理论成果以丰富科学社会主义理论，丰富中国化时代化的马克思主义，在现代化实践中不断推进理论创新。

（三）中国式现代化推动中华文明的创新发展

习近平总书记深刻指出：“中国式现代化是赓续古老文明的现代化，而不是消灭古老文明的现代化；是从中华大地长出来的现代化，不是照搬照抄其他国家的现代化；是文明更新的结果，不是文明断裂的产物。”① 传统与现代不是截然分开的，现代文明是从传统文明中脱胎而来的。中国式现代化道路是中华文明的延续和发展之路，蕴含着中华文明既一脉相承、又与时俱进的文化追求，为解决文化“古今之争”打开新思路。只有从源远流长的中华文明来认识中国，才能理解古代中国、现代中国和未来中国，才能深刻理解中国式现代化的文化源流。

① 习近平：《在文化传承发展座谈会上的讲话》，人民出版社 2023 年版，第 7 页。

中国式现代化的历史进程，也是中华文明的升华过程。中国式现代化的五个中国特色彰显了中华文明的特征。揭示二者特点和优势之间的内在联系，有助于深刻理解中国式现代化何以深深植根于中华优秀传统文化，又何以传承中华文明。第一，人口规模巨大的现代化反映了中华文明重视统一性的固有基因，十四亿多人口迈进现代化社会，艰巨性和复杂性可想而知，必须坚持“大一统”理念，充分利用充足的人口资源和超大市场规模，团结集中全国各族人民的力量，共同推进中国式现代化，建设中华文明的现代形态。第二，全体人民共同富裕的现代化体现了中华文明中“不患寡而患不均”的共同富裕观和“民惟邦本”的民本思想，中国式现代化坚持以人民为中心，把满足人民对美好生活的向往作为现代化建设的出发点和落脚点，追求公平正义、避免两极分化，扎实推进全体人民共同富裕。第三，物质文明和精神文明相协调的现代化与“仓廪实而知礼节，衣食足而知荣辱”相对应，强调了中华文明中物质与精神并重的思想。中国式现代化是物质富足、精神富有的现代化，不断推动高质量发展以夯实现代化的物质基础，同时传承中华优秀传统文化，传承中华文明，促进物的全面丰富和人的全面发展。第四，人与自然和谐共生的现代化则体现了中华文明中“天人合一”“道法自然”的生态智慧，中国式现代化坚持尊重自然、顺应自然、保护自然，统筹推进经济社会发展和生态环境保护，坚定不移走生产发展、生活富裕、生态良好的文明发展道路，实现中华民族永续发展。第五，走和平发展道路的现代化彰显了中华文明中“以和为贵”“亲仁善邻”“协和万邦”的交往之道，中华民族是爱好和平的民族，和合仁善是中华文明几千年来的文化基因。中国式现代化坚持独立自主地走和平发展道路，高举和平、发展、合作、共赢旗帜，兼收并蓄、求同存异，与世界共谋发展之道。

习近平总书记指出："任何文化要立得住、行得远，要有引领力、凝聚力、塑造力、辐射力，就必须有自己的主体性。"① 有了中华优秀传统文化的根脉、有了中华文明的宝贵资源，中华民族的文化主体性才能更加凸显，中国式现代化的文化根基才能更加牢固。在推进和拓展中国式现代化进程中，我们必须要将世界上唯一未曾中断的中国古老文明延续下去，不断传承中华文明留下的丰富的思想资源与文化精华，将中华文明独有的优秀文化传统发扬光大，提炼中华优秀传统文化与中国式现代化的内在契合之处，丰富社会主义现代化理论的文化底蕴，使社会主义现代化理论更具中国特色、中国气派、中国风格。"中华文明延续着我们国家和民族的精神血脉，既需要薪火相传、代代守护，也需要与时俱进、推陈出新。"② 创新是中华文明不断发展进步、自我完善的内在品格。"穷则变，变则通，通则久"，中国共产党人在中国式现代化进程中不断开拓进取、勇于突破，推进理论创新和实践创新。"中国式现代化是中华民族

① 习近平：《在文化传承发展座谈会上的讲话》，人民出版社 2023 年版，第 8 页。

② 《习近平关于社会主义精神文明建设论述摘编》，中央文献出版社 2022 年版，第 221 页。

的旧邦新命，必将推动中华文明重焕荣光”[①]，中国式现代化内在地要求实现文化的现代化、文明的现代化。新时代新征程上推进中华文明建设，必须秉持创新求变精神，尊古不复古、守正不守旧，以时代精神激活中华优秀传统文化的生命力，赋予中华文明鲜明的时代特征，不断创造出符合时代潮流、引领时代发展的文化生命体，进一步推动中华文明的现代转型，重塑文明辉煌。

（四）中国式现代化开启文明发展新范式

“各个世纪的社会意识，尽管形形色色，千差万别，总是在某些共同的形式中运动的。”[②] 马克思主义唯物史观揭示了文明多样性是人类社会的基本特征。世界上并不存在凝固不变的文化样式，各种文明也不是“非此即彼”的对立关系，文明是在交流互鉴中变化发展的。“文明因多样而交流，因交流而互鉴，因互鉴而发展。”[③] 中国式现代化将中华优秀传统文化与中华文明的历史连续性置于人类文明进步的广阔视野中考量，尊重世界文明多样性，秉持平等、互鉴、对话、包容的文明观，主张以文明交流超越文明隔阂、文明互鉴超越文明冲突、文明共存超越文明优越，全面超越西方“文明冲突论”“文明等级论”等错误论调，为解决文化“中西之争”创造新空间。

中国式现代化吸收借鉴外来优秀文化成果。中国式现代化

---

① 习近平：《在文化传承发展座谈会上的讲话》，人民出版社2023年版，第7页。

② 《马克思恩格斯选集》第一卷，人民出版社2012年版，第421页。

③ 《习近平谈治国理政》第三卷，外文出版社2020年版，第468页。

继承和发扬了中华文明独有的开放性和包容性的文化特质，以海纳百川的胸怀吸收借鉴西方现代化的有益成果，学习借鉴人类一切优秀文明成果，不断汲取西方文明在科学技术、文学艺术等领域新的营养，同时结合中国国情和中华文明的特点进行改造和发展，以我为主、为我所用，进一步激发本民族文化创新创造的活力，促进自身生命体的成长，从而使中华文明焕发新的生命力，在保持文化主体性的同时推动了自身的繁荣与发展。

中国式现代化扩大中华文明的世界传播。党的二十大明确提出了文化建设要“增强中华文明传播力影响力”①，从加快构建中国话语和中国叙事体系、加强国际传播能力建设两个方面阐明了中国式现代化背景下中华文明对外传播的发展目标。一方面，坚守中华文化立场，提炼具有世界意义的中华文明精神标识，构建中华文明自主话语体系，突破西方话语在全球文明传播中的霸权，不断提升先进文化的凝聚力感召力，讲好中国故事、传播好中国声音，展现大国形象。另一方面，利用新媒体、社交媒体等现代传播手段，创新中华文明叙事方式，打造具有国际影响力的文化品牌，推动中华文化“走出去”，增强中华文明的话语力量，推动中华文明在国际文明体系中的地位和影响力不断提升。

---

① 习近平：《高举中国特色社会主义伟大旗帜　为全面建设社会主义现代化国家而团结奋斗——在中国共产党第二十次全国代表大会上的报告》，人民出版社 2022 年版，第 45 页。

中国式现代化为人类实现现代化提供了新的选择，中国共产党和中国人民为解决人类面临的共同问题提供了更多更好的中国智慧、中国方案、中国力量，为人类和平与发展崇高事业作出了新的更大的贡献！中国式现代化给中国文明提供了新的时代背景与新的发展机遇，伴随中国综合国力的提升和文化自觉自信的增强，中国以世界历史的开阔视野推动中华文明对外传播进入新阶段，推动全球文明发展迎来新景象。中国式现代化作为人类文明新形态，致力于在世界层面达成一致性，为全人类共同发展贡献新思路、新路径，必将引领世界现代化潮流、开启人类文明发展新范式，为人类现代化发展提供精神指引。

中国式现代化，深深植根于中华优秀传统文化，体现科学社会主义的先进本质，借鉴吸收一切人类优秀文明成果，代表人类文明进步的发展方向，展现了不同于西方现代化模式的新图景，是一种全新的人类文明形态。新时代，在以中国式现代化全面推进中华民族伟大复兴的进程中，中国共产党人深刻把握现代化发展规律与人类文明发展规律，赓续中华文明，紧跟时代潮流，借鉴世界文明，伴随着中国式现代化的不断发展，中华文明必将不断焕发现代生命力。

第六章　中国式现代化的中国意义和世界意义

党的十八大以来，以习近平同志为核心的党中央，将马克思主义基本原理同中国具体实际相结合、同中华优秀传统文化相结合，以巨大的政治勇气和政治智慧统筹推进“五位一体”总体布局、协调推进“四个全面”战略布局，并在理论创新和实践突破的基础上，科学回答了建设什么样的社会主义现代化强国和怎样建设社会主义现代化强国等重大问题，成功推进和拓展了中国式现代化发展道路，为人类不断探索更好的社会制度提供了中国智慧、中国方案和中国力量。

一、新时代取得历史性成就、发生历史性变革

新时代面对世界百年未有之大变局带来的深刻变化和中国进入新发展阶段出现的新情况、新问题、新挑战，以习近平同志为核心的党中央不断进行理论创新和实践创新，提出一系列原创性思想和论断，推进一系列战略性举措和变革，形成一系列突破性进展和成就，攻克了许多长期没有解决的难题，办成了许多事关长远的大事要事，推进党和国家事业取得历史性成就、发生历史性变革。

（一）取得“两个确立”重大政治成果

新时代所取得的历史性成就、发展的历史性变革，根本在于以习近平同志为核心的党中央的正确领导、在于坚持习近平新时代中国特色社会主义思想的科学指引。“两个确立”不是凭空产生的，是在总结党百年奋斗历史经验的基础上，结合新时代中国特色社会主义事业的生动实践形成的政治判断，是十八大以来最重要的政治成果和最宝贵的历史经验。“两个确立”是对历史经验的总结，具有深厚的理论基础和实践基础，顺应时代的发展要求。党的十八大以来，中国特色社会主义进入新时代，世界百年未有之大变局和中华民族伟大复兴的战略全局相互交织激荡，国际环境日趋复杂，全球竞争日益激烈，世界发展的不确定性不稳定性日益凸显。与此同时，全面深化改革持续推进，各种结构性、体制性、周期性矛盾和问题不断凸显，坚持和发展中国特色社会主义事业面临着前所未有的严峻风险与挑战。在此背景下，习近平总书记以深厚的人民情怀、卓越的政治智慧、强烈的使命担当成为党中央的核心、全党的核心，并在深入思考新时代事关党和国家事业发展一系列重要理论和实践问题的基础上，提出了一系列具有原创性的治国理政新理念新思想新战略，推动马克思主义中国化时代化新的飞跃，形成了习近平新时代中国特色社会主义思想，为新时代党和人民的事业提供了科学的理论指引。“两个确立”是新时代的重大政治成果，既是新时代中国特色社会主义事业取得举世瞩目的发展成就的根本保证，也为应对新发展阶段面临的各种风险挑战提供了强大的政治底气，更是推进实现中华民族伟大复兴的根本保证。

（二）党在革命性锻造中更加坚强

习近平总书记在党的二十大报告中指出："我们党作为世界上最大的马克思主义执政党，要始终赢得人民拥护、巩固长期执政地位，必须时刻保持解决大党独有难题的清醒和坚定。"① 新时代聚焦建设什么样的长期执政的马克思主义政党、怎样建设长期执政的马克思主义政党这一重大时代课题，党所形成的规律性认识不断达到新高度，全面从严治党不断向纵深发展。2014 年，习近平总书记在江苏考察期间明确提出"全面从严治党"，并将其与全面建成小康社会、全面深化改革、全面依法治国并列，形成"四个全面"战略布局。党的十八届六中全会专题研究全面从严治党问题，党的十九大提出新时代党的建设总要求，将"全面从严治党"写入党章，党的十九届六中全会审议通过党的历史上第三个"历史决议"，其中将"坚持自我革命"作为党百年奋斗的十条历史经验之一列入其中。围绕"如何跳出治乱兴衰的历史周期率"的问题，毛泽东在"窑洞对"中给出的答案是"让人民来监督政府"，习近平总书记基于党百年奋斗特别是党的十八大以来的实践成就，给出了第二个答案——自我革命。勇于自我革命是中国共产党最鲜明的政治品格

---

① 习近平：《高举中国特色社会主义伟大旗帜　为全面建设社会主义现代化国家而团结奋斗——在中国共产党第二十次全国代表大会上的报告》，人民出版社 2022 年版，第 63 页。

和最大的优势，新的赶考路上中国共产党经受“四大考验”、克服“四种危险”，站在事关党长期执政、国家长治久安、人民幸福安康的战略高度，以自我革命精神全面推进党的建设新的伟大工程，党的自我净化、自我完善、自我革新、自我提高能力不断得到提升，党的政治领导力、思想引领力、群众组织力、社会号召力不断得到增强，党同人民群众的血肉联系更加紧密。

（三）实现全面建成小康社会目标

近代中国国家蒙辱、人民蒙难、文明蒙尘，山河破碎、民生凋敝，中国人民始终不屈不挠为过上美好生活而不懈奋斗，全面建成小康社会承载了一代又一代中国人的梦想。中国共产党自成立以来，带领中国人民取得新民主主义革命的胜利，建立了新中国，并完成社会主义革命，确立社会主义制度，为全面建成小康社会奠定了制度基础。改革开放和社会主义现代化建设新时期，党带领中国人民实现了从解决温饱问题、总体达到小康水平到全面建设小康社会的历史性跨越。在此基础上，党的十八大报告提出，“在中国共产党成立一百年时全面建成小康社会”①，党的十八届五中全会对全面建成小康社会的目标任务进行总体部署，并按照习近平总书记“全面建成小康社会，一个也不能少”② 的重要指示，打响了人类历史上规模与空间最

---

① 胡锦涛：《坚定不移沿着中国特色社会主义道路前进　为全面建成小康社会而奋斗——在中国共产党第十八次全国代表大会上的报告》，人民出版社 2012 年版，第 16 页。

② 《习近平谈治国理政》第三卷，人民出版社 2020 年版，第 66 页。

大的脱贫攻坚战。经过全党和全国人民 8 年持续奋斗，2020 年底如期完成新时代脱贫攻坚目标任务。“现行标准下 9899 万农村贫困人口全部脱贫，832 个贫困县全部摘帽，12.8 万个贫困村全部出列，区域性整体贫困得到解决，完成消除绝对贫困的艰巨任务”[①]，并且“贫困地区农村居民人均可支配收入，从 2013 的 6079 元增长到 2020 年的 12588 元，年均增长 11.6%，增长持续快于全国农村，增速比全国农村高 2.3 个百分点”。[②] 与此同时，随着脱贫攻坚的全面胜利，人民的生活水平和生活质量显著得到提升，“全国居民人均年可支配收入从 1978 年的 171 元增加到 2020 年的 32189 元。城乡居民恩格尔系数分别从 1978 年的 57.5%、67.7%下降到 2020 年的 29.2%、32.7%”[③]，并且中国脱贫攻坚的全面胜利为全球消除贫困人口约 7.5 亿人，为全球减贫事业贡献 75%左右。习近平总书记在庆祝中国共产党成立 100 周年大会上的重要讲话中郑重宣告，实现了第一个百年奋斗目标，在中华大地上全面建成了小康社会。

（四）国际地位和影响力显著提升

当前世界经济格局中，随着发展中国家和新兴市场国家的

---

① 中华人民共和国国务院新闻办公室：《人类减贫的中国实践》，人民出版社 2021 年版，第 13 页。

② 中华人民共和国国务院新闻办公室：《人类减贫的中国实践》，人民出版社 2021 年版，第 15 页。

③ 中华人民共和国国务院新闻办公室：《中国的全面小康》，人民出版社 2021 年版，第 25 页。

发展壮大，特别是金砖国家，世界经济重心出现“东升西降”“自西向东”加速转移的发展现状。2018 年 7 月，习近平主席在金砖国家工商论坛上的重要讲话指出：“未来 10 年，将是国际格局和力量对比加速演变的 10 年。新兴市场国家和发展中国家对世界经济增长的贡献率已经达到 80%。按汇率法计算，这些国家的经济总量占世界的比重接近 40%。保持现在的发展速度，10 年后将接近世界总量一半。”① 其中金砖国家表现更为突出，“金砖五国经济规模从本世纪初的占全球经济的 8%提升到 2022 年的 25.77%，如果按照购买力平价来计算占比超过 31.5%，超过了七国集团的总和。不仅如此，金砖五国有丰富的外汇储备，全球占比超过 35%，吸引外资超过 45%。同时金砖五国人力资源丰富，人口总数超过 32 亿，占全球人口总数约 42%。扩员后的金砖十一国更占到全球人口的 47%。”② 在国际政治格局中，发达国家和发展中国家在国际分工体系中的地位角色不断地进行调整和变化，新兴市场国家和发展中国家在国际政治秩序的发展演变中享有更多的话语权和规则制定权，世界政治格局呈现“南升北降”的整体趋势。以国际货币基金组织的投票权分配为例，2015 年份额与投票权改革是 IMF 成立以来最根本性的治理改革，也是最大规模的有利于新兴市场国家和发展中国家的份额转移方案。中国的投票份额于 2016 年由第六位提升到第

① 中国社会科学院习近平新时代中国特色社会主义思想研究中心：《发展中国家助力世界多极化》，《人民日报》2019 年 2 月 15 日。

② 刘英：《金砖国家成世界经济增长重要引擎》，《经济日报》2023 年 8 月 30 日。

三位，并且金砖国家中有四国位列前十。与此相适应，全球创新版图也正在向有利于发展中国家和新兴经济体的方向发展。根据《2024 年全球创新指数报告》显示，中国在全球的创新力排名较去年上升了一位，达至第十一位，科技创新正成为支撑发展中国家和新兴经济体经济发展的强大动力。

习近平指出，党的十八届三中全会开启了新时代全面深化改革、系统整体设计推进改革新征程，开创了我国改革开放全新局面，具有划时代意义。新时代全面深化改革取得了重大实践成果、制度成果、理论成果，是我国改革开放历史进程中最壮丽的篇章之一，为全面建成小康社会、续写“两大奇迹”提供了强大动力和制度保障，也为新征程进一步全面深化改革提供了坚实基础和宝贵经验。

二、为强国建设、民族复兴铺就通途和坦途

以中国式现代化全面推进强国建设、民族复兴伟业，是新时代新征程党和国家的中心任务，是新时代最大的政治。习近平总书记在庆祝中国共产党成立 100 周年大会上的讲话中指出，党的十八大以来，“党和国家事业取得历史性成就、发生历史性变革，为实现中华民族伟大复兴提供了更为完善的制度保证、更为坚实的物质基础、更为主动的精神力量”①。

---

① 习近平：《在庆祝中国共产党成立 100 周年大会上的讲话》，人民出版社 2021 年版，第 7 页。

（一）更为完善的制度保证

党的十一届三中全会开启了改革开放和社会主义现代化建设新时期，党的十八届三中全会确立了“全面深化改革的总目标是完善和发展中国特色社会主义制度，推进国家治理体系和治理能力现代化”①，为社会主义现代化建设奠定了制度基础，党的十九届四中全会通过的《中共中央关于坚持和完善中国特色社会主义制度　推进国家治理体系和治理能力现代化若干重大问题的决定》，“突出坚持和完善支撑中国特色社会主义制度的根本制度、基本制度、重要制度”②，不断把社会主义制度优势转化为国家治理效能。通过全面深化改革的持续推进，新时代我国“许多领域实现历史性变革、系统性重塑、整体性重构”③。在此基础上，党的二十届三中全会紧紧围绕推进中国式现代化、进一步全面深化改革，“继续完善和发展中国特色社会主义制度，推进国家治理体系和治理能力现代化”④，通过以经济体制改革为牵引，更加注重系统集成和突出重点、着力推进社会主义市场经济体制、高质量发展体制机制、全面创新体制

---

① 《中共中央关于全面深化改革若干重大问题的决定》，人民出版社 2013 年版，第 3 页。

② 《中共中央关于坚持和完善中国特色社会主义制度　推进国家治理体系和治理能力现代化若干重大问题的决定》，人民出版社 2019 年版，第 5 页。

③ 《中共中央关于党的百年奋斗重大成就和历史经验的决议》，人民出版社 2021 年版，第 38 页。

④ 《中共中央关于进一步全面深化改革　推进中国式现代化的决定》，人民出版社 2024 年版，第 4 页。

机制、宏观经济治理体系、城乡融合发展体制机制、高水平对外开放体制机制、全过程人民民主制度体系、中国特色社会主义法治体系、文化体制机制、保障和改善民生制度体系、生态文明体制等的改革与完善，在此基础上形成生产关系与生产力、上层建筑与经济基础、国家治理与社会发展的相适应，从而在激发和增强社会活力的基础上，不断为中国式现代化提供强大动力和制度保障。

（二）更为坚实的物质基础

党的十八大以来，我国打赢了脱贫攻坚战，实现全面建成小康社会的目标，经济实力、科技实力、综合国力再上新台阶，经济发展正在迈向更高质量、更有效率、更加公平、更可持续、更为安全的发展之路。10 多年间我国经济总量多次实现突破，2020 年突破 100 万亿元、2021 年突破 110 万亿元、2022 年突破 120 万亿元、2024 年突破 130 万亿元，实现了从 2012 年的 50 多万亿元到 130 多万亿元的飞跃，2024 年经济增量相当于一个中等国家一年的经济体量，[①] 规模稳居全球第二，是全球经济增长的重要动力源。同时，我国经济发展既保持量的合理增长，也实现了质的稳步提升，经济在科技创新中不断培育新动能、赋能新优势。一方面数字经济持续赋能行业经济发展，并成为发展新质生产力的重要支撑与关键引擎。2023 年，我国数字经济

---

① 《我国经济实力、科技实力、综合国力再上新台阶》，《科技日报》2025 年 1 月 20 日。

增加值占 GDP 的比重为 31.8%，并且我国数字经济核心产业增加值占 GDP 比重达到 10%，亿万民众正在畅享“数智红利”，数字经济消费新模式新场景不断拓展，并成为拉动实物商品网上零售增长的重要影响因素。另一方面，就业和社会保障工作不断增进民生福祉，使经济发展成果更好地惠及全体人民。就业是民生之本，2013 年到 2022 年这十年，我国共解决了 1.3 亿人的城镇就业问题，拥有 14 亿多人口的发展中大国实现了比较充分的就业，并且建成了世界上规模最大的社会保障体系，人民的获得感、幸福感、安全感不断得到增强，“2020 年，全国群众安全感为 98.4%。中国长期保持社会和谐稳定、人民安居乐业，成为国际社会公认的最有安全感的国家之一”①。

（三）更为主动的精神力量

习近平总书记指出：“一个民族的复兴需要强大的物质力量，也需要强大的精神力量。”② 新时代中国特色社会主义发展的伟大成就，为中华民族实现伟大复兴提供了更为主动的精神力量，成为中国人民不懈奋斗的志气、骨气、底气、勇气，这种精神力量通过马克思主义的真理力量、共产主义的信仰力量、中华文化的根基力量鲜明地体现出来。在马克思主义的真理力量方面，习近平总书记强调：“中国共产党为什么能，中国特色

① 中华人民共和国国务院新闻办公室：《中国的全面小康》，人民出版社 2021 年版，第 33—34 页。

② 习近平：《在文艺工作座谈会上的讲话》，人民出版社 2015 年版，第 5 页。

社会主义为什么好，归根到底是因为马克思主义行！”① 新时代立足世情国情党情民情发展变化，在实践创新的基础上不断进行理论创新，创立了习近平新时代中国特色社会主义思想，其鲜明立场、基本观点、理论贡献、思想方法是对中国特色社会主义规律性认识的总结与升华，成为改变中国、影响世界的当代中国马克思主义、21 世纪马克思主义。在共产主义的信仰力量方面，一方面中国特色社会主义实践的巨大成就澄清了一些坚持西方价值标准和发展模式的观点在这问题上的错误认识，充分证明了中国特色社会主义的历史正确性和发展必然性，从而不断坚定“四个自信”。另一方面党的十八大以来，全党先后开展了党的群众路线教育实践活动、“三严三实”专题教育、“两学一做”学习教育、“不忘初心、牢记使命”主题教育和党史学习教育，通过理论学习和实践锻炼相结合，全体党员干部的信心和信仰更加坚定。在中华文化的根基力量方面，党的十八大以来，习近平总书记高度重视文化自信的力量根基作用，他强调“文化自信，是更基础、更广泛、更深厚的自信，是更基本、更深沉、更持久的力量”②，通过对中华优秀传统文化的守正创新、对红色革命文化的赓续弘扬、对社会主义先进文化的大力弘扬和与世界不同文明的交流互鉴，从而不断汇聚为实现中华民族伟大复兴梦想的精神动力。

---

① 习近平：《在庆祝中国共产党成立 100 周年大会上的讲话》，人民出版社 2021 年版，第 13 页。

② 《习近平著作选读》第一卷，人民出版社 2023 年版，第 536 页。

三、打破了“现代化＝西方化”的迷思

世界现代化的历史进程由西方国家率先开启并主导，因而在现代化过程中，受西方中心主义的裹挟，导致出现“现代化＝西方化”的话语陷阱。但各国现代化既遵循现代化的一般规律，同时也体现各民族不同的国情、不同的历史文化传统等。习近平总书记在党的二十大报告中指出：“中国式现代化，是中国共产党领导的社会主义现代化，既有各国现代化的共同特征，更有基于自己国情的中国特色。”① 中国式现代化，在学习借鉴西方现代化的有益经验的同时，打破了“现代化＝西方化”的迷思迷向，不断实现对西方现代化的批判与超越。

（一）中国式现代化坚持中国共产党的领导，打破西方现代化的政党危机

政党制度是现代国家民主制度的重要组成部分，是由国家国情、国家性质和社会状况等因素综合决定，因而具有多样性和差异性，其体现和反映了人类文明发展的多样性。长期以来，西方国家标榜自己的两党制、多党制，并极力向其他国家推销自己的政党制度和政治模式。但近些年西方的政党制度越来越受资本的裹挟，党争民主和否决政治成为常态，并成为服务资

---

① 习近平：《高举中国特色社会主义伟大旗帜　为全面建设社会主义现代化国家而团结奋斗——在中国共产党第二十次全国代表大会上的报告》，人民出版社 2022 年版，第 22 页。

本逐利的现实工具，公权力成为政治的附庸而导致政治缺乏责任性，从而导致社会经济发展不平等、政治衰败、社会融合机制失效、国家治理失能等，进而出现政党危机。

与西方政党危机导致现代化发展危机不同，中国式现代化坚持中国共产党的领导，这是中国的现代化能够用几十年时间走过西方国家几百年走过的现代化道路的根本原因。在党的坚强领导下，一方面，中国现代化的建设历程与社会制度建设保持同步。社会主义过渡时期工业化建设和社会主义制度建设具有同步推进的显著特点，通过“三大改造”对生产关系的变革和调整为实现工业化提供了制度保障，使中国的现代化道路呈现鲜明的社会主义特征，同时通过工业化的发展不断为巩固社会主义性质的生产关系筑牢物质基础。另一方面，中国现代化建设和社会改革的历史进程实现有机统一。中国现代化建设取得的成就得益于改革开放历史进程中对社会主义本质的科学认识，从而孕育产生了现代化发展的根本方法和价值取向，也即实现生产力与生产关系、真理尺度和价值尺度的有机统一。通过科学辨析资本主义和社会主义性质的生产关系，既借鉴西方现代化发展所形成的市场文明，同时立足公有制为主体的所有制基础不断培育社会主义市场精神，从而在政府和市场关系的良性互动中实现对资本主义市场精神的批判与超越。

（二）中国式现代化坚持以人民为中心，打破西方现代化资本至上

中国式现代化与西方现代化的本质区别在于价值立场不同，

西方现代化秉持鲜明的资本逻辑，马克思在《哥达纲领批判》中指出，“‘现代社会’就是存在于一切文明国度中的资本主义社会”①，“资本”成为标志和揭示现代社会基本特征的本质范畴。资本作为特定的生产关系，规定了社会中人与人、人与物、物与物之间的关系，资本原则成为现代社会的基本原则，逐利性是其唯一本性，为了达到逐利的目的，在国内表现为资本对劳动的剥削，马克思在《资本论》中曾引用过这样一段描述，资本如果“有 50％的利润，它就会铤而走险；为了 100％的利润，它就敢践踏人间一切法律；有 300％的利润，它就敢犯任何罪行，甚至冒绞首的危险”②。受资本增殖逻辑的影响，西方现代化使社会内部形成了资本和雇佣劳动的分工体系，世界范围内形成了中心—半边缘—边缘的经济结构和角色分工，在分工和资本积累的持续作用下，全球逐步演变形成了中心—外围的资本主义世界体系，这些体系和结构的形成最终服务于资本增殖的内在价值要求，但由此也形成了西方现代化过程中的重重矛盾与发展困境。

资本逻辑中“殖民主义”文明基因和现代化的“先发优势”，使其在全球政治、经济、文化发展等领域进行无序扩张、随意干涉其他国家经济社会发展，并且依托其强势地位，动辄以经济制裁等手段限制其他国家发展，气候议题、美元、粮食、贸易、科技等都被西方国家武器化为制裁或压制其他国家的手

① 《马克思恩格斯选集》第三卷，人民出版社 2012 年版，第 373 页。

② 《马克思恩格斯全集》第二十三卷，人民出版社 1972 年版，第 829 页。

段。马克思在《政治经济学批判（1857—1858 年手稿）》中基于对人类社会发展演进历史和现代社会生产组织形式的考察，把人类社会划分为三个阶段：人的依赖性、物的依赖性和自由个性，从第二个阶段向第三个阶段的演化发展体现了现代化发展与实现人的自由全面发展的有机统一。顺应现代化发展规律的客观要求和人的自由全面发展的内在要求，中国式现代化摒弃西方资本主导的现代化对人的禁锢与奴役，在超越资本逻辑的基础上坚持以人民为中心的发展思想，凸显人民至上的主体价值。党的十八大以来我国采取了一系列保障和改善民生的政策和措施，不断推动化解社会主要矛盾，为主体需要的满足创造更好的物质条件和物质基础，在催生更多有效需求的同时，为现代化发展提供了持续性的内在支撑和发展动力。

（三）中国式现代化坚持实现共同富裕，打破西方现代化两极分化

基于不同的价值逻辑，中国式现代化和西方现代化形成了不同的目标追求。资本逻辑规制下西方现代化发展以实现价值增殖为目标，结果导致贫富分化的出现。如《2022 年世界不平等报告》中 1910—2020 年美国和西欧前 1%与前 50%的财富比例的图表显示，美国和西欧经历了 20 世纪历史性的不平等之后，财富的不平等程度正在回落，但底层 50%的财富比例始终很低，其根本原因在于资本和劳动的对抗性矛盾，资本的逐利建立在对劳动的剥削的基础上，因而资本的发展和扩张必然导致贫富差距，甚至两极分化的结果。习近平总书记指出：“西方现代化

的最大弊端，就是以资本为中心而不是以人民为中心，追求资本利益最大化而不是服务绝大多数人的利益，导致贫富差距大、两极分化严重。”①

中国式现代化发展道路则以实现全体人民共同富裕为价值导向。实现共同富裕既是中国式现代化对西方现代化的批判与超越，也是中国式现代化的本质特征。中国式现代化进程的开启受世界现代化进程整体推进的影响，但中国式现代化道路坚持以马克思主义唯物史观为基础，立足中国基本国情，体现中国特色社会主义的本质特征，在统筹守正与创新、中国与世界、全面与协调关系过程中促进实现中华民族伟大复兴。改革开放初期，邓小平即提出“中国式的现代化”，把“小康”作为“四个现代化的最低目标”，并提出了“三步走”实现现代化的战略，这一战略步骤中的“解决温饱问题”“小康”“中等发达国家水平”等阶段性目标内在地包含着深厚的民本和共同富裕思想。同时，不同于资本逻辑规制下西方社会的现代化，中国式现代化立足不同发展阶段的具体实际创造性地化解资本与劳动的矛盾，实现资本与劳动在社会主义制度下的和谐统一，从而为促进实现全体人民共同富裕创造条件。

四、拓展了发展中国家走向现代化的途径

一个国家走向现代化，既要遵循现代化的一般规律，更要

---

①　习近平：《中国式现代化是强国建设、民族复兴的康庄大道》，《求是》2023 年第 16 期。

立足本国国情，找到适合自己的发展道路。中国式现代化以其独特的优势展现了现代化的另一幅图景，拓展了发展中国家走向现代化的路径选择，为人类对更好社会制度的探索提供了中国智慧和中国方案。中国式现代化为广大发展中国家独立自主迈向现代化树立了典范、提供了全新选择。

（一）中国式现代化创新了世界现代化理论和实践

实现现代化是近代以来中国人民矢志奋斗的梦想。随着近代以后中国沦为半殖民地半封建社会，改变当时贫穷落后面貌、走现代化之路，成为了无数仁人志士为之奋斗的目标。各种工业化、现代化方案轮番出台，但都以失败告终。实现中华民族伟大复兴，迫切需要新的思想来引领现代化进程，迫切需要新的组织来凝聚现代化建设力量。十月革命一声炮响，给中国送来了马克思列宁主义，催生了中国共产党，引发近代以后中华民族发展方向和进程的深刻变化。

一百余年来，中国共产党团结带领中国人民追求民族复兴的历史，也是一部不断探索现代化道路的历史。如前所述，新民主主义革命时期，党团结带领人民浴血奋战、百折不挠，实现了民族独立和人民解放，为实现现代化创造了根本社会条件。新中国成立后，党团结带领人民确立社会主义基本制度，建立起独立的比较完整的工业体系和国民经济体系，为现代化建设奠定根本政治前提和宝贵经验、理论准备、物质基础。改革开放和社会主义建设新时期，党团结带领人民以经济建设为中心，大力推进实践基础上的理论创新、制度创新、文化创新以及其他各方面创新，实行社会主义市场经济体制，实现了从生产力相对落后的状况到经济总量跃居世界第二的历史性突破，实现了人民生活从温饱不足到总体小康、奔向全面小康的历史性跨越，为中国式现代化提供了充满新的活力的体制保证和快速发展的物质条件。党的十八大以来，我们党在已有基础上继续前进，不断实现理论和实践上的创新突破，成功推进和拓展了中国式现代化，使中国式现代化更加清晰、更加科学、更加可感可行。

中国式现代化作为人类现代化实践的重要组成部分，具有世界现代化的一般规律。同时，中国式现代化又是在中国的土壤中生发成长起来的，具有鲜明的中国特色，其蕴含的独特世界观、价值观、历史观、文明观、民主观、生态观及其伟大实践，是对世界现代化理论和实践的重大创新。这个创新集中表现为中国式现代化不仅是生产力和物质文明的现代化，而且是政治文明、精神文明、社会文明、生态文明的全面现代化，体现为人类文明新形态。在庆祝中国共产党成立100周年大会上的重要讲话中，习近平总书记以“创造人类文明新形态”阐释了中国式现代化的创新意义，指出要“坚持和发展中国特色社会主义，推动物质文明、政治文明、精神文明、社会文明、生态文明协调发展”①，走中国式现代化新道路，创造人类文明新形态。在党的十九届五中全会上，习近平总书记从人类文明新形

① 习近平：《在庆祝中国共产党成立100周年大会上的讲话》，人民出版社2021年版，第13—14页。

态的高度深刻阐释了中国式现代化的鲜明特征：我国现代化是人口规模巨大的现代化，是全体人民共同富裕的现代化，是物质文明和精神文明相协调的现代化，是人与自然和谐共生的现代化，是走和平发展道路的现代化。党的二十大将“创造人类文明新形态”作为中国式现代化本质要求的一个重要内容，高度肯定了中国式现代化对世界文明进步的创新性贡献。新时代以来，中国式现代化在理论和实践上的创新发展宣告了“历史终结论”的终结，“宣告了各国最终都要以西方制度模式为归宿的单线式历史观的破产”①。中国式现代化以其独特的价值取向和发展路径，为世界提供了全新的现代化模式，为世界现代性谱系增添了新范式和新类型，创新了世界现代化理论和实践。“我们坚信，随着中国特色社会主义不断发展，我们的制度必将越来越成熟，我国社会主义制度的优越性必将进一步显现，我们的道路必将越走越宽广，我国发展道路对世界的影响必将越来越大。”②

（二）中国式现代化彰显了社会主义建设道路的独特优势

习近平总书记指出：“中国式现代化，深深植根于中华优秀传统文化，体现科学社会主义的先进本质，借鉴吸收一切人类优秀文明成果，代表人类文明进步的发展方向，展现了不同于

① 《习近平关于社会主义政治建设论述摘编》，中央文献出版社 2017 年版，第 7 页。

② 《习近平著作选读》第一卷，人民出版社 2023 年版，第 77 页。

西方现代化模式的新图景，是一种全新的人类文明形态。”① 中国式现代化体现了科学社会主义的先进本质，彰显了中国特色社会主义的生命力和优越性。中国式现代化是在强调实现共同富裕、物质文明和精神文明协调发展以及人与自然和谐共生中促进物的全面丰富、社会全面进步、人的全面发展。这样一种防止了资本无序扩张、野蛮生长逻辑，防止了物质主义膨胀、精神颓废滋长以及对大自然贪婪攫取、无限索取的现代化是一种先进的现代化，是科学社会主义原则的具体体现，展现了现代化的东方社会主义大国图景。

中国式现代化是社会主义性质的现代化，党的领导决定中国式现代化的根本性质。中国式现代化能否成功，最关键的就是取决于党的领导。习近平总书记指出：“党的领导直接关系中国式现代化的根本方向、前途命运、最终成败。”② 党的领导确保中国式现代化锚定目标行稳致远，激发起建设中国式现代化的强劲动力，凝聚起建设中国式现代化的磅礴力量。中国共产党之所以能够不断推动中国式现代化的进程，根本原因就是中国共产党没有自己的特殊利益，而是始终从全民族利益角度出发推进各项事业。而反观很多发展中国家之所以无法独立自主实现现代化，一个重要原因就是其政党存在着党派私利。

中国式现代化是科学理性的现代化，有长远清晰的战略规

① 《习近平在学习贯彻党的二十大精神研讨班开班式上发表重要讲话强调　正确理解和大力推进中国式现代化》，《人民日报》2023 年 2 月 8 日。

② 《习近平在学习贯彻党的二十大精神研讨班开班式上发表重要讲话强调　正确理解和大力推进中国式现代化》，《人民日报》2023 年 2 月 8 日。

划和分步实施的路线图。从 1954 年开始，中国就提出了“四个现代化”的长期战略规划，目标是到 20 世纪末把我国建设成为一个具有现代农业、现代工业、现代国防和现代科学技术的社会主义强国。改革开放后，从邓小平提出的“三步走”战略，十五大提出的“新三步走”和“两个一百年”目标，再到十九大对实现第二个百年奋斗目标作出的两阶段战略安排，都属长期战略规划。改革开放以来中国“分步走”的战略规划，目标清晰，并且建立在实事求是和计划理性的基础上，每一步目标都能顺利实现，而且基本都提前完成。这与一些西方国家政党受民粹主义裹挟提出的不切实际的承诺有根本的不同。

中国式现代化道路是以人民为中心的现代化，致力于促进全体人民共享共富、维护社会公平正义和推动人的全面发展，体现了现代化的社会主义价值取向。领导中国现代化事业的中国共产党，始终以最广大人民的根本利益为自己的利益，没有自己特殊的利益诉求，从来不代表任何利益集团、任何权势团体、任何特权阶层的利益。中国式现代化道路构建的公有制为主体、多种所有制经济共同发展的所有制体系和按劳分配为主体、多种分配方式并存的分配体系，以及“有效市场”与“有为政府”有机结合的社会主义市场经济制度，既能解放和发展社会生产力，又能防范化解经济社会风险和保证共同富裕的发展方向，既激发了市场主体活力，又防止了市场和资本无序运作。这与以在资本逻辑为主导下的市场盲目扩张、资本野蛮生长的西方式现代化有着根本的不同。

中国式现代化道路是物质文明、政治文明、精神文明、社会文明、生态文明协调发展的现代化，是“五位一体”全面发展、均衡推进的现代化。这种多向度的现代化模式为破解西方现代化进程中出现的现代性困境提供了系统性解决思路。中国在现代化建设中凝练的创新、协调、绿色、开放、共享的新发展理念，超越了以往单一强调经济结构转型的发展理论，为发展中国家摆脱有增长而无发展的“低度发展”问题提供了新的理念和路径。

（三）中国式现代化展现了不同于西方现代化模式的新图景

现代化不是单选题。历史条件的多样性，决定了各国选择发展道路的多样性。[①] 不同国家由于历史文化、基本国情、历史使命不同，选择的现代化道路也会有所不同。新中国成立后，在中国共产党的领导下，我们成功走出了中国式现代化道路。这条现代化道路既立足中国又面向世界，坚持以马克思主义为指导，坚持以中国共产党为最高政治领导力量，坚持走中国特色社会主义道路，坚持以人民为中心，努力建设富强民主文明和谐美丽的社会主义现代化强国、实现中华民族伟大复兴，努力实现全体人民共同富裕、促进人的全面发展，努力促进世界和平与发展，具有鲜明的时代特征和中国特色。这条现代化道路既符合中国实际，体现中国特色社会主义建设规律，又紧跟时代潮流，体现世界现代化规律和人类社会发展规律。在持续

---

① 《习近平外交演讲集》第一卷，中央文献出版社 2022 年版，第 372 页。

探索中国式现代化道路的过程中，我们取得了举世瞩目的伟大成就，创造了经济快速发展奇迹和社会长期稳定奇迹，展现了不同于西方现代化模式的新图景。

人类社会发展进程曲折起伏，各国探索现代化道路的历程充满艰辛。长期以来，一些西方发达国家凭借现代化的先发优势和话语强权，将自身的发展模式视作现代化的唯一模式向外输出，将资本主义文明视作“普世文明”向世界推广，使众多发展中国家陷入了对西方现代化的“路径依赖”。发展中国家一味地照抄照搬西方的现代化发展模式，不仅没能实现经济的高质量发展，反而陷入了“有增长无发展”的泥潭，贫富分化、族群冲突、社会动荡在有的国家愈演愈烈。在多重挑战和危机交织叠加的当下，迫切需要新的人类文明形态来引领和推动世界现代化进程。

中国式现代化道路可以为丰富现代化的内涵和发展模式注入更为丰富多样的可资借鉴资源。对于迫切需要实现独立发展的广大发展中国家来说，在国家治理能力不足、政府治理体系尚不健全的条件下，盲目照搬西方现代化模式不仅不能为解决本国问题求得良方妙药，反而引发了各种问题。中国式现代化生成于经济全球化时代，符合世界现代化发展的一般规律和趋势。同时，中国式现代化又深深扎根于中国国情和社会发展的实际需要，其理论形态对建设什么样的社会主义现代化、怎样建设社会主义现代化等重大时代课题进行了科学回答，反映了现代化的民族性和世界性。现代化没有既定的、一成不变的发展模式，中国式现代化道路的生成与发展不仅以科学的视角总结了人类社会发展规律，也为后发国家走上现代化道路提供了发展路径，并为新的历史条件下破解发展难题、丰富现代化的概念内涵和发展样态提供了发展动力。

马克思指出："凡是民族作为民族所做的事情，都是他们为人类社会而做的事情。"① 在追求现代化的历程中，中国共产党带领中国人民进行了艰苦卓绝的奋斗，为人类社会开辟了一条现代化新路。我们党围绕实现中华民族伟大复兴中国梦的目标，形成了建设社会主义现代化强国的理论，深化了对社会主义现代化建设规律的认识，超越了西方现代化模式中的欧洲中心主义窠臼和道路唯一性选择，为世界提供了一条不同于西方现代化的新路，为世界其他发展中国家进行现代化道路的别样性选择提供了参考。中国从现代化的迟到国到现代化的增长极，从现代化的追赶者到现代化的引领者，从现代化的模仿者到现代化的创造者，从现代化的被动者到现代化的主动者，社会状况发生着巨大变化。这充分彰显了中国共产党百余年奋斗在人类文明发展史上的重要地位，是中华民族自信自立自强、致力于不断为人类作出更大贡献的鲜明体现。我国的实践向世界说明了一个道理：治理一个国家，推动一个国家实现现代化，并不只有西方制度模式这一条道，各国完全可以走出自己的道路来。

五、为人类对更好社会制度的探索作出新的更大贡献

中国式现代化彻底改写了现代化就是美欧化、西方化的先

① 《马克思恩格斯全集》第四十二卷，人民出版社 1979 年版，第 257 页。

验逻辑，以开放性、利他性、共赢性重新书写了现代化新范式，彻底打破了西方现代化的封闭性、排他性和盲目性。作为马克思主义中国化时代化的重要理论和实践成果的中国式现代化，以其丰富内涵和鲜明特征重新标识了现代化内涵与逻辑，破解了人类现代化难题，创造了人类文明新形态，引领了世界发展潮流。

（一）中国式现代化重新标识了现代化的内涵与逻辑

中国式现代化是中国共产党带领中国人民历经艰难曲折探索出来的适合本国国情的建设道路。在这条道路上，我们曾经“以俄为师”，也借鉴过西方的一些做法。但最终我们既没有因为走西方的现代化道路而掉入殖民主义的泥潭，也没有因为走苏联的现代化道路而掉入僵化性的魔道，更没有因为探索新兴国家现代化的道路而掉入依附性的陷阱。

中国式现代化彻底改写了现代化就是西方化的先验逻辑。西方国家是人类历史上最早进入现代化行列的国家。自由市场、宪政民主、三权分立、多党竞争和市民社会构成了其现代化形成发展的逻辑。这种先验逻辑在历史上是虚妄的，因为西方国家的现代化并不是如此发展起来的。西方国家的现代化是用血与火、刀与剑，用殖民掠夺、帝国征服、政治奴役以及残酷剥削的方式来实现的。这种先验逻辑在实践上也产生了恶果，那就是凡是按照这种模式去推进现代化的发展中国家，无一例外都失败了。比如，自由市场在有的发展中国家变成了无政府状态的经济，或者变成了野蛮掠夺大众的经济，不仅市场失灵，而且政府也失灵，现代化也停止了。再比如，三权分立在有的国家变成了派别林立、民族冲突的导火索，不断引爆各种民族、宗教、派别的冲突，导致国家陷入长期的动乱之中。而这种先验逻辑被中国式现代化道路所打破，中国没有走西方的先验逻辑所告诉我们的虚妄之路。中国之所以能够避开这条灾难之路，一个重要原因就是中国共产党的领导。中国共产党不仅立足中国国情，开辟了中国式现代化的新道路，而且把握了现代化的发展规律，科学谋划了现代化的战略目标和战略步骤。

西方的现代化因其固有的封闭性、排他性和自利性，排斥其他国家自主实现现代化，使发展中国家成为现代化的依附者甚至失败者。在西方国家眼中，要想搭乘现代化发展的列车，发展中国家必须出让一定的权益，或者是接受其所谓的“普世价值”，或者是让出一定的发展利益甚至主权利益等。但“如果我们用西方资本主义价值体系来剪裁我们的实践，用西方资本主义评价体系来衡量我国发展，符合西方标准就行，不符合西方标准就是落后的陈旧的，就要批判、攻击，那后果不堪设想！最后要么就是跟在人家后面亦步亦趋，要么就是只有挨骂的份”[①]。中国式现代化打破了现代化的西方霸权，提供了现代性新类型。中国式现代化道路立足本国实际，符合本国历史、传统和文化发展状况，遵循了现代化发展的一般规律，但又不是西方式现代化、苏联式现代化等既有现代化模板的再版或翻版，而是具有新的内容、新的特点和新的创造。党的二十大集中概

① 《习近平关于尊重和保障人权论述摘编》，中央文献出版社 2021 年版，第 20 页。

括了中国式现代化的中国特色、本质要求和重大原则，初步构建起中国式现代化的理论体系。同时，从国际层面看，中国式现代化本身就不是封闭的现代化，而是从一开始就是与世界各国平等共处、相互合作的现代化，是带动其他国家共同发展的现代化，是合作、互利、共赢的现代化。这与西方的现代化模式有着根本的不同，革新了人类现代化的模式和发展路径。

在中国共产党的领导下，中国人民用几十年时间走完了发达国家几百年走过的工业化历程，创造了举世瞩目的发展奇迹。中国从积贫积弱迈向繁荣富强，成为世界第二大经济体，经济实力、科技实力、综合国力大幅跃升；中国人民生活从温饱不足迈向全面小康，幸福指数不断提高；中国从传统农业大国发展为工业大国，工业化程度越来越高，成为制造业第一大国；中国从封闭半封闭走向全方位开放，深度参与经济全球化，对人类文明的贡献越来越大；中国日益走近世界舞台的中央，国际影响力显著提升。中国式现代化的复杂程度和难度在世界现代化历史上是独一无二的，因而从中总结出来的经验和启示，也就超越了一国层面，而具有了世界性的意义与价值。中国式现代化道路的成功，不仅彻底改写了现代化的世界版图，而且愈益展现出对人类文明发展的意义。中国式现代化道路是既发展自己又造福世界，不断以自身的发展为世界各国的共同发展创造机遇、提供动力的共赢之路。

（二）中国式现代化破解了人类社会发展的诸多难题

人类文明发展已经进入 21 世纪，当今世界正处于百年未有之大变局。人类社会面临许多亟待解决的共同问题，我国改革发展稳定、内政外交国防、治党治国治军等各个领域面临着一系列新的重大课题。国际层面上，多重挑战和危机交织叠加，世界经济复苏乏力，发展鸿沟不断扩大，生态环境持续恶化，冷战思维阴魂不散，这些都对人类文明未来发展提出挑战与考验，人类社会现代化进程又一次走到历史的十字路口，迫切需要新的人类文明形态引领和推动人类社会现代化进程。

在不稳定性不确定性更加突出的百年未有之大变局下，“世界怎么了，我们怎么办”成为整个世界都在思考的问题。“这是最好的时代，也是最坏的时代。”习近平引用狄更斯的一句名言来说明，我们生活在一个矛盾的世界之中。“世界怎么了”背后的隐喻，就是当今世界的种种矛盾，其核心关涉就是人类面临的全球性挑战和世界难题，总体上说就是治理赤字、信任赤字、和平赤字和发展赤字。导致这些矛盾问题的根源，就是国际上层建筑不适应国际经济基础和生产力发展要求，就是西方主导的国际经济社会制度不适应经济全球化和国际格局新变化，即西方主导的全球治理体系出了问题。这说明“国际格局以西方占主导、国际关系理念以西方价值观为主要取向的‘西方中心论’已难以为继，西方的治理理念、体系和模式越来越难以适应新的国际格局和时代潮流”①。

在“两个大局”加速演进并深度互动的时代背景下，中国

① 《习近平新时代中国特色社会主义思想三十讲》，学习出版社 2018 年版，第 286 页。

之间、世界之间、人民之间、时代之间给我们提出的新考题比过去更复杂、更难，迫切需要我们从理论与实践的结合上提交答案。中国式现代化作为马克思主义中国化时代化的理论成果，以科学的眼光把握了世界历史的发展脉络和正确走向，认清了我国社会发展、人类社会发展的大逻辑大趋势，全面系统地提出了解决现实问题的科学理念和有效对策，释放出强大的真理力量。中国式现代化不走殖民掠夺的老路，不走国强必霸的歪路，走的是和平发展的人间正道。[①] 中国式现代化不仅能解决中国自身发展问题，而且始终坚持人类命运共同体理念，以自身的发展观、治理观、安全观、文明观等为解决人类重大问题提供中国智慧和中国方案，引领着整个人类文明走向。

面对世界性难题和全球治理困局，中国坚定地站在历史正确的一边。坚持以历史唯物主义为指导，遵循人类社会发展的历史规律，把握住历史向世界历史转变的发展潮流，看清楚经济全球化的大趋势，着眼于从全球治理体系变革层面谋划人类社会发展。从实践角度，我们总的思路就是中国方案，即强调在不断推进世界普遍交往和共同利益的基础上，构建由政治、安全、经济、文明和生态共同体构成的“五位一体”的人类命运共同体，建设持久和平、普遍安全、共同繁荣、开放包容、清洁美丽的世界，实现共赢共享。坚持走和平发展道路，推动构建人类命运共同体，推进全球治理体系改革和建设。中国是

---

① 习近平：《携手同行现代化之路——在中国共产党与世界政党高层对话会上的主旨讲话》，人民出版社 2023 年版，第 6 页。

现行国际秩序和全球治理体系的参与者、建设者和贡献者，反映大多数国家尤其是新兴市场国家和发展中国家的意愿和利益，着力于提升应对全球性挑战的治理能力，推动全球治理体系朝着更加公正合理有效的方向发展。中国积极参与全球治理体系改革和建设，不断贡献中国智慧和力量。中国是国际关系民主化倡导者、国际多边主义积极参与者，支持联合国发挥积极作用，支持扩大发展中国家在全球治理中的代表性和发言权。

构建人类命运共同体是中国式现代化新道路的重要内容，体现了中国式现代化新道路的世界逻辑。推动构建人类命运共同体是基于我国文化传承、历史渊源、基本国情的必然选择，是中国共产党彰显世界胸怀和大国担当的体现，是中国式现代化道路外部效应的显现。中国式现代化道路批判与超越了西方大国在崛起中弱肉强食的丛林法则、霸权霸凌霸道的强盗逻辑，以和平发展破局“国强必霸”的野蛮逻辑，以合作共赢摒弃“零和博弈”的陈旧思维，为人类发展提供新机遇新动力，引领世界现代化新潮流新趋势。中国式现代化道路坚持推动人类命运共同体，弘扬全人类共同价值，系统阐发“三大倡议”，推动“一带一路”建设，建立新型国际关系，深化了对人类社会发展规律的认识，科学回答了“人类社会向何处去”的重大问题。

（三）中国式现代化创造了人类文明新形态

中华文明在长期演化过程中，既形成了自身文明发展的逻辑，又体现了人类文明发展的一般规律。中华文明具有独特的处世之道、价值取向、精神气质和生存理念，也是在同其他文明不断交流互鉴中形成的开放体系。建党以来，中国共产党始终以开放的眼光、开阔的胸怀对待世界各国人民的文明创造，“历来强调树立世界眼光，积极学习借鉴世界各国人民创造的文明成果，并结合中国实际加以运用。马克思主义就是中国共产党人从国外学来的科学真理”[①]。在学习中运用，在运用中创造，中国特色社会主义在与其他文明的交流中获得了丰富营养，也以自身的创造丰富了人类文明内涵。中国立足自身国情和实践，“从中华文明中汲取智慧，博采东西方各家之长，坚守但不僵化，借鉴但不照搬，在不断探索中形成了自己的发展道路”[②]。这是一条从本国本民族的历史和现实国情出发确立的道路，也是在同其他文明取长补短、择善而从、兼收并蓄同时去粗取精、去伪存真的文明发展道路。中国式现代化是马克思主义中国化时代化的重要成果，是文明融合的产物，也为当下多元文明的交流、互鉴、共存和新文明的创造，提供了可以向世界分享的经验。

中国式现代化道路摒弃了西方以资本为中心的现代化、两极分化的现代化、物质主义膨胀的现代化、对外扩张掠夺的现代化老路，创造了人类文明新形态。从建党百年之际首次提出“人类文明新形态”，到《中共中央关于党的百年奋斗重大成就和历史经验的决议》提出“党领导人民成功走出中国式现代化道路，创造了人类文明新形态”，再到党的二十大将“创造人类

① 《习近平谈治国理政》第三卷，外文出版社 2020 年版，第 437—438 页。

② 《习近平谈治国理政》第二卷，外文出版社 2017 年版，第 482 页。

文明新形态”作为中国式现代化的本质要求之一，我们对人类文明新形态的认识和理解步步深入。人类文明新形态是在文化传承与发展中塑造的现代文明的中国样态，全方位与立体化地呈现了中国式现代化，直面人类社会发展的急难愁盼问题，从人类文明新形态的高度凝练出全人类共同价值，实现同国际社会的有效接轨。

人类文明新形态是中国共产党领导中国人民的伟大创造，是世界文明的重要组成部分，丰富发展了马克思主义关于人类文明发展的理论，昭示了人类社会未来发展的光明前景。人类文明新形态具有基于中国国情的鲜明特色，坚持以人民为中心，坚持走共同富裕道路，推动物质文明和精神文明相协调，坚持人与自然和谐共生，促进人的全面发展和社会全面进步，构成了物质文明、政治文明、精神文明、社会文明和生态文明协调发展的新型文明体系。人类文明新形态蕴含着独特的世界观、价值观、历史观、文明观、民主观、生态观，倡导和平、发展、公平、正义、民主、自由的全人类共同价值，遵循人类文明发展的一般规律，致力于实现人自由而全面的发展，以文明交流超越文明隔阂、文明互鉴超越文明冲突、文明共存超越文明优越，丰富了世界文明的百花园，推动了人类命运共同体的建构，为实现人类千百年来共同追求的价值提供了新的路径。

百余年来，中国共产党始终坚持独立自主、实事求是地探索基于中国国情、符合中国需要、体现中国特色的现代化道路，将马克思主义基本原理同中国具体实际相结合、同中华优秀传统文化相结合，创造了中国式现代化道路，创造了人类文明新形态。人类文明新形态在反思西方现代化道路的基础上提供了应对全球问题的全新解决方案，为化解现代化发展困境提供了更广阔的空间，给那些既希望加快发展又希望保持自身独立性的国家和民族提供了其他选择，是以中国经验启发全人类探索和谋求现代化共同价值、进一步完善全球治理格局的一种可能性路径。

中国式现代化是中国共产党领导全国各族人民在长期探索和实践中历经千辛万苦、付出巨大代价取得的重大成果，是强国建设、民族复兴的唯一正确道路。

中国式现代化是中国共产党领导的社会主义现代化。党的领导直接关系中国式现代化的根本方向、前途命运、最终成败。坚持中国共产党领导，是中国式现代化最鲜明的特征和最突出的优势，是推进中国式现代化必须坚持的最高原则。党的领导决定中国式现代化的根本性质，确保中国式现代化锚定奋斗目标行稳致远，激发建设中国式现代化的强劲动力，凝聚建设中国式现代化的磅礴力量。

推进中国式现代化，必须坚持和加强党的全面领导，充分发挥党总揽全局、协调各方的领导核心作用。以党的旗帜为旗帜、以党的方向为方向、以党的意志为意志，把党的领导落实到党和国家事业各领域各方面各环节，使党始终成为风雨来袭时全体人民最可靠的主心骨，确保我国社会主义现代化建设正确方向，确保中国式现代化前景光明、繁荣兴盛。

习近平总书记在党的二十大报告中指出："全面建成社会主义现代化强国，总的战略安排是分两步走：从二〇二〇年到二〇三五年基本实现社会主义现代化；从二〇三五年到本世纪中叶把我国建成富强民主文明和谐美丽的社会主义现代化强国。”他还指出：“在基本实现现代化的基础上，我们要继续奋斗，到本世纪中叶，把我国建设成为综合国力和国际影响力领先的社会主义现代化强国。”“社会主义现代化强国”，是激荡在中国共产党和中国人民心中的最强音、主旋律。

2018 年 4 月 23 日，党的十九届中央政治局就《共产党宣言》及其时代意义进行第五次集体学习，习近平总书记指出：“再过 30 年，也就是到 2048 年《共产党宣言》发表 200 周年之时，正是我们全面建成社会主义现代化强国、实现中华民族伟大复兴之际。届时，中国共产党人和中国人民将以自己的壮举进一步证明马克思主义的科学性、真理性、预见性，让我们以实际行动迎接这个伟大时刻的到来吧！”①

全面建成社会主义现代化强国、实现中华民族伟大复兴，为人类作出新的更大的贡献，中国式现代化是必由之路、康庄大道，是通途、坦途。对此，我们热切拥抱，充满信心！

① 习近平：《学习马克思主义基本理论是共产党人的必修课》，《求是》2019 年第 22 期。

后　记

近代以来，中国人民对于现代化的愿景魂牵梦绕。一百余年来，中国共产党对于现代化的追求矢志不渝。党的十八大以来，中国共产党团结带领中国人民在已有基础上继续前进，不断实现理论和实践上的创新突破，成功推进和拓展了中国式现代化。中国式现代化，深深植根于中华优秀传统文化，是强国建设、民族复兴的唯一正确道路。中国式现代化，体现了科学社会主义的先进本质，是对西方式现代化理论和实践的重大超越，为广大发展中国家提供了全新选择，为全球提供了一种全新的现代化模式。无论是中国式现代化的理论，还是中国式现代化的实践，都有着极为丰富而深刻的内容。《一本书读懂中国式现代化》旨在全面、精要地回答中国式现代化从何而来、因何而生、有何要义、指向何处、有何贡献等主要问题。本书由林建华、孙存良、肖光文主持编写，北京邮电大学张静、任瑞姣、孔娜、张飞雪、王宇凤，南开大学舒高磊、孙海东、任梦磊、宁悦、杨笛、葛秋月等专家学者撰写。中国社会科学院中国式现代化研究院党委书记、教授、博士生导师林建华，北京邮电大学马克思主义学院院长、研究员孙存良，南开大学马克思主义学院党委副书记、教授、博士生导师肖光文，共同设计了写作框架，对全书进行了统修统改，并由林建华最后定稿。中国社会科学院中国式现代化研究院科研处具体组织本书撰写工作。崇文书局副社长王重阳同志策划了本书的选题，对本书的撰写进行了具体指导；程可嘉同志倾心倾力于本书编辑出版，提出了大量宝贵意见。

本书编写组
2025 年 5 月

图书在版编目（CIP）数据

一本书读懂中国式现代化 / 林建华，孙存良，肖光文主编. -- 武汉 : 崇文书局, 2025. 6. -- ISBN 978-7-5403-8218-6

Ⅰ. D614

中国国家版本馆CIP数据核字第2025UL2850号

责任编辑　程可嘉
封面设计　甘淑媛
责任校对　陈　燕
责任印制　邵雨奇

一本书读懂中国式现代化

YI BEN SHU DUDONG ZHONGGUOSHI XIANDAIHUA

出版发行　长江出版传媒｜崇文书局
地　　址　武汉市雄楚大街268号C座11层
电　　话　（027）87679712　　邮政编码　430070
印　　刷　武汉中科兴业印务有限公司
开　　本　880mm×1230mm　1/32
印　　张　9
字　　数　178千
版　　次　2025年6月第1版
印　　次　2025年6月第1次印刷
定　　价　58.00元